GEORGE SAND $^{ILLUSTRÉ}_{PAR}$ TONY JOHANNOT
ET MAURICE SAND

LA

PETITE FADETTE

PRÉFACE ET NOTICE NOUVELLE

Prix : 90 centimes

PARIS

MICHEL LÉVY FRÈRES, LIBRAIRES ÉDITEURS

2 BIS, RUE VIVIENNE, ET BOULEVARD DES ITALIENS, 15

A LA LIBRAIRIE NOUVELLE

MICHEL LÉVY FRÈRES, ÉDITEURS
2 BIS, RUE VIVIENNE

NOUVELLE ÉDITION

LIBRAIRIE NOUVELLE
15, BOULEVARD DES ITALIENS

LA PETITE FADETTE

NOTICE

C'est à la suite des néfastes journées de juin 1848, que troublé et navré, jusqu'au fond de l'âme, par les orages extérieurs, je m'efforçai de retrouver dans la solitude, sinon le calme, au moins la foi. Si je faisais profession d'être philosophe, je pourrais croire ou prétendre que la foi aux idées entraîne le calme de l'esprit en présence des faits désastreux de l'histoire contemporaine : mais il n'en est point ainsi pour moi, et j'avoue humblement que la certitude d'un avenir providentiel ne saurait fermer l'accès, dans une âme d'artiste, à la douleur de traverser un présent obscurci et déchiré par la guerre civile.

Pour les hommes d'action qui s'occupent personnellement du fait politique, il y a, dans tout parti, dans toute situation, une fièvre d'espoir ou d'angoisse, une colère ou une joie, l'enivrement du triomphe ou l'indignation de la défaite. Mais pour le pauvre poëte, comme pour la femme oisive, qui contemplent les événements sans y trouver un intérêt direct et personnel; quel que soit le résultat de la lutte, il y a l'horreur profonde du sang versé de part et d'autre, et une sorte de désespoir à la vue de cette haine, de ces injures, de ces menaces, de ces calomnies qui montent vers le ciel comme un impur holocauste, à la suite des convulsions sociales.

Dans ces moments-là, un génie orageux et puissant comme celui du Dante, écrit avec ses larmes, avec sa bile, avec ses nerfs, un poëme terrible, un drame tout plein de tortures et de gémissements. Il faut être trempé comme cette âme de fer et de feu, pour arrêter son imagination sur les horreurs d'un enfer symbolique, quand on a sous les yeux le douloureux purgatoire de la désolation sur la terre. De nos jours, plus faible et plus sensible, l'artiste, qui n'est que le reflet et l'écho d'une génération assez semblable à lui, éprouve le besoin impérieux de détourner la vue et de distraire l'imagination, en se reportant vers un idéal de calme, d'innocence et de rêverie. C'est son infirmité qui le fait agir ainsi, mais il n'en doit point rougir, car c'est aussi son devoir. Dans les temps où le mal vient de ce que les hommes se méconnaissent et se détestent, la mission de l'artiste est de célébrer la douceur, la confiance, l'amitié, et de rappeler ainsi aux hommes endurcis ou découragés, que les mœurs pures, les sentiments tendres et l'équité primitive, sont ou peuvent être encore de ce monde. Les allusions directes aux malheurs présents, l'appel aux passions qui fermentent, ce n'est point là le chemin du salut; mieux vaut une douce chanson, un son de pipeau rustique, un conte pour endormir les petits enfants sans frayeur et sans souffrance, que le spectacle des maux réels renforcés et rembrunis encore par les couleurs de la fiction.

Prêcher l'union quand on s'égorge, c'est crier dans le désert. Il est des temps où les âmes sont si agitées qu'elles sont sourdes à toute exhortation directe. Depuis ces journées de juin dont les événements actuels sont l'inévitable conséquence, l'auteur du conte qu'on va lire, s'est imposé la tâche d'être *aimable*, dût-il en mourir de chagrin. Il a laissé railler ses *bergeries*, comme il avait laissé railler tout le reste, sans s'inquiéter des arrêts de certaine critique. Il sait qu'il a fait plaisir à ceux qui aiment *cette note-là*, et que faire plaisir à ceux qui souffrent du même mal que lui, à savoir l'horreur de la haine et des vengeances, c'est leur faire tout le bien qu'ils peuvent accepter : bien fugitif, soulagement passager, il est vrai, mais plus réel qu'une déclamation passionnée, et plus saisissant qu'une démonstration classique.

GEORGE SAND.

Nohant, 21 décembre 1851.

I

Le père Barbeau de la Cosse n'était pas mal dans ses affaires, à preuve qu'il était du conseil municipal de sa commune. Il avait deux champs qui lui donnaient la nourriture de sa famille, et du profit par-dessus le marché. Il cueillait dans ses prés du foin à pleins charrois, et, sauf celui qui était au bord du ruisseau, et qui était un peu ennuyé par le jonc, c'était du fourrage connu dans l'endroit pour être de première qualité.

La maison du père Barbeau était bien bâtie, couverte en tuile, établie en bon air sur la côte, avec un jardin de bon rapport et une vigne de six journaux. Enfin il avait, derrière sa grange, un beau verger, que nous appelons chez nous une ouche, où le fruit abondait tant en prunes qu'en guignes, en poires et en cormes. Mêmement les noyers de ses bordures étaient les plus vieux et les plus gros de deux lieues aux entours.

Le père Barbeau était un homme de bon courage, pas méchant, et très-porté pour sa famille, sans être injuste à ses voisins et paroissiens.

Il avait déjà trois enfants, quand la mère Barbeau, voyant sans doute qu'elle en avait assez de bien pour cinq, et qu'il fallait se dépêcher, parce que l'âge lui venait, s'avisa de lui en donner deux à la fois, deux beaux garçons; et, comme ils étaient si pareils qu'on ne pouvait presque pas les distinguer l'un de l'autre, on reconnut bien vite que c'étaient deux bessons, c'est-à-dire deux jumeaux d'une parfaite ressemblance.

La mère Sagette, qui les reçut dans son tablier comme ils venaient au monde, n'oublia pas de faire au premier né une petite croix sur le bras avec son aiguille, parce que, disait-elle, un bout de ruban ou un collier peut se confondre et faire perdre le droit d'aînesse. Quand l'enfant sera plus fort, dit-elle, il faudra lui faire une marque qui ne puisse jamais s'effacer, et l'on ne manqua pas. L'aîné fut nommé Sylvain, dont on fit bientôt Sylvinet, pour le distinguer de son frère aîné, qui lui avait servi de parrain; et le cadet fut appelé Landry, nom qu'il garda comme il l'avait reçu au baptême, parce que son oncle, qui était son parrain, avait gardé de son jeune âge la coutume d'être appelé Landriche.

Le père Barbeau fut un peu étonné, quand il revint du marché, de voir deux petites têtes dans le berceau. « Oh! oh! fit-il, voilà un berceau qui est trop étroit. Demain matin, il me faudra l'agrandir. » Il était un peu menuisier de ses mains, sans avoir appris, et il avait fait la moitié de ses meubles. Il ne s'étonna pas autrement et alla soi-

gner sa femme, qui but un grand verre de vin chaud, et ne s'en porta que mieux. — Tu travailles si bien, ma femme, lui dit-il, que ça doit me donner du courage. Voilà deux enfants de plus à nourrir, dont nous n'avions pas absolument besoin; ça veut dire qu'il ne faut pas que je me repose de cultiver nos terres et d'élever nos bestiaux. Sois tranquille; on travaillera; mais ne m'en donne pas trois la prochaine fois, car ça serait trop.

La mère Barbeau se prit à pleurer, dont le père Barbeau se mit fort en peine. — Bellement, bellement, dit-il, il ne faut te chagriner, ma bonne femme. Ce n'est pas par manière de reproche que je t'ai dit cela, mais par manière de remercîment, bien au contraire. Ces deux enfants-là sont beaux et bien faits; ils n'ont point de défauts sur le corps, et j'en suis content.

— Alas! mon Dieu, dit la femme, je sais bien que vous ne me les reprochez pas, notre maître; mais moi j'ai du souci, parce qu'on m'a dit qu'il n'y avait rien de plus chanceux et de plus malaisé à élever que des bessons. Ils se font tort l'un à l'autre, et, presque toujours, il faut qu'un des deux périsse pour que l'autre se porte bien.

— Oui-dà! dit le père : est-ce la vérité? Tant qu'à moi, ce sont les premiers bessons que je vois. Le cas n'est point fréquent. Mais voici la mère Sagette qui a de la connaissance là-dessus, et qui va nous dire ce qui en est.

La mère Sagette étant appelée, répondit : — Fiez-vous à moi : ces deux bessons-là vivront bel et bien, et ne seront pas plus malades que d'autres enfants. Il y a cinquante ans que je fais le métier de sage-femme, et que je vois naître, vivre, ou mourir tous les enfants du canton. Ce n'est donc pas la première fois que je reçois des jumeaux. D'abord, la ressemblance ne fait rien à leur santé. Il y en a qui ne se ressemblent pas plus que vous et moi, et souvent il arrive que l'un est fort et l'autre faible; ce qui fait que l'un vit et que l'autre meurt; mais regardez les vôtres, ils sont chacun aussi beau et aussi bien corporé que s'il était fils unique. Ils ne se sont donc pas fait dommage l'un à l'autre dans le sein de leur mère; ils sont venus à bien tous les deux sans trop la faire souffrir et sans souffrir eux-mêmes. Ils sont jolis à merveille et ne demandent qu'à vivre. Consolez-vous donc, mère Barbeau, ça vous sera un plaisir de les voir grandir; et, s'ils continuent, il n'y aura guère que vous et ceux qui les verront tous les jours qui pourrez faire entre eux une différence; car je n'ai jamais vu deux bessons si pareils. On dirait deux petits perdreaux sortant de l'œuf : c'est si gentil et si semblable, qu'il n'y a que la mère-perdrix qui les reconnaisse.

— A la bonne heure! fit le père Barbeau en se grattant la tête; mais j'ai ouï dire que les bessons prenaient tant d'amitié l'un pour l'autre, que quand ils se quittaient ils ne pouvaient plus vivre, et qu'un des deux, tout au moins, se laissait consumer par le chagrin, jusqu'à en mourir.

— C'est la vraie vérité, dit la mère Sagette; mais écoutez ce qu'une femme d'expérience va vous dire. Ne le mettez pas en oubliance; car, dans le temps où vos enfants seront en âge de vous quitter, je ne serai peut-être plus de ce monde pour vous conseiller. Faites attention, dès que vos bessons commenceront à se reconnaître, de ne pas les laisser toujours ensemble. Emmenez l'un au travail pendant que l'autre gardera la maison. Quand l'un ira pêcher, envoyez l'autre à la chasse; quand l'un gardera les moutons, que l'autre aille voir les bœufs au pacage; quand vous donnerez à l'un du vin à boire, donnez à l'autre un verre d'eau, et réciproquement. Ne les grondez point ou ne les corrigez point tous les deux en même temps; ne les habillez pas de même; quand l'un aura un chapeau, que l'autre ait une casquette, et que surtout leurs blouses ne soient pas du même bleu. Enfin, par tous les moyens que vous pourrez imaginer, empêchez-les de se confondre l'un avec l'autre et de s'accoutumer à ne pas se passer l'un de l'autre. Ce que je vous dis là, j'ai grand'peur que vous ne le mettiez dans l'oreille du chat; mais si vous ne le faites pas, vous vous en repentirez grandement un jour. »

La mère Sagette parlait d'or et on la crut. On lui promit de faire comme elle disait, et on lui fit un beau présent avant de la renvoyer. Puis, comme elle avait bien recommandé que les bessons ne fussent point nourris du même lait, on s'enquit vitement d'une nourrice.

Mais il ne s'en trouva point dans l'endroit. La mère Barbeau, qui n'avait pas compté sur deux enfants, et qui avait nourri elle-même tous les autres, n'avait pas pris ses précautions à l'avance. Il fallut que le père Barbeau partît pour chercher cette nourrice dans les environs ; et pendant ce temps, comme la mère ne pouvait pas laisser pâtir ses petits, elle leur donna le sein à l'un comme à l'autre.

Les gens de chez nous ne se décident pas vite, et, quelque riche qu'on soit, il faut toujours un peu marchander. On savait que les Barbeau avaient de quoi payer, et on pensait que la mère, qui n'était plus de la première jeunesse, ne pourrait point garder deux nourrissons sans s'épuiser. Toutes les nourrices que le père Barbeau put trouver lui demandèrent donc 18 livres par mois, ni plus ni moins qu'à un bourgeois.

Le père Barbeau n'aurait voulu donner que 12 ou 15 livres, estimant que c'était beaucoup pour un paysan. Il courut de tous les côtés et disputa un peu sans rien conclure. L'affaire ne pressait pas beaucoup ; car deux enfants si petits ne pouvaient pas fatiguer la mère, et ils étaient si bien portants, si tranquilles, si peu braillards l'un et l'autre, qu'ils ne faisaient presque pas plus d'embarras qu'un seul dans la maison. Quand l'un dormait, l'autre dormait aussi. Le père avait arrangé le berceau, et quand ils pleuraient tous deux à la fois, on les berçait et on les apaisait en même temps.

Enfin le père Barbeau fit un arrangement avec une nourrice pour 15 livres, et il ne se tenait plus qu'à cent sous d'épingles, lorsque sa femme lui dit : — Bah ! notre maître, je ne vois pas pourquoi nous allons dépenser 180 ou 200 livres par an, comme si nous étions des messieurs et dames, et comme si j'étais hors d'âge pour nourrir mes enfants. J'ai plus de lait qu'il n'en faut pour cela. Ils ont déjà un mois, nos garçons, et voyez s'ils ne sont en bon état ! La Merlaude que vous voulez donner pour nourrice à un des deux n'est pas moitié si forte et si saine que moi ; son lait a déjà dix-huit mois, et ce n'est pas ce qu'il faut à un enfant si jeune. La Sagette nous a dit de ne pas nourrir nos bessons du même lait, pour les empêcher de prendre trop d'amitié l'un pour l'autre, c'est vrai qu'elle l'a dit ; mais n'a-t-elle pas dit aussi qu'il fallait les soigner également bien, parce que, après tout, les bessons n'ont pas la vie tout à fait aussi forte que les autres enfants ? J'aime mieux que les nôtres s'aiment trop, que s'il faut sacrifier l'un à l'autre. Et puis, lequel des deux mettrons-nous en nourrice ? Je vous confesse que j'aurais autant de chagrin à me séparer de l'un comme de l'autre. Je peux dire que j'ai bien aimé tous mes enfants, mais, je ne sais comment la chose se fait, m'est avis que ceux-ci sont encore les plus mignons et les plus gentils que j'aie portés dans mes bras. J'ai pour eux un je ne sais quoi qui me fait toujours craindre de les perdre. Je vous en prie, mon mari, ne pensez plus à cette nourrice ; nous ferons pour le reste tout ce que la Sagette a recommandé. Comment voulez-vous que des enfants à la mamelle se prennent de trop grande amitié, quand c'est tout au plus s'ils connaîtront leurs mains d'avec leurs pieds quand ils seront en sevrage ?

— Ce que tu dis là n'est pas faux, ma femme, répondit le père Barbeau en regardant sa femme, qui était encore fraîche et forte comme on en voit peu ; mais si, pourtant, à mesure que ces enfants grossiront, ta santé venait à dépérir ?

— N'ayez peur, dit la Barbeaude, je me sens d'aussi bon appétit que si j'avais quinze ans ; et d'ailleurs, si je sentais que je m'épuise, je vous promets que je ne vous le cacherais pas, et il serait toujours temps de mettre un de ces pauvres enfants hors de chez nous.

Le père Barbeau se rendit, d'autant plus qu'il aimait bien autant ne pas faire de dépense inutile. La mère Barbeau nourrit ses bessons sans se plaindre et sans souffrir,

et même elle était d'un si beau naturel que, deux ans après le sevrage de ses petits, elle mit au monde une jolie petite fille qui eut nom Nanette, et qu'elle nourrit aussi elle-même. Mais c'était un peu trop, et elle eût eu peine à en venir à bout, si sa fille aînée, qui était à son premier enfant, ne l'eût soulagée de temps en temps, en donnant le sein à sa petite sœur.

De cette manière, toute la famille grandit et grouilla bientôt au soleil, les petits oncles et les petites tantes avec les petits neveux et les petites nièces, qui n'avaient pas à se reprocher d'être beaucoup plus turbulents ou plus raisonnables les uns que les autres.

II.

Les bessons croissaient à plaisir sans être malades plus que d'autres enfants, et mêmement ils avaient le tempérament si doux et si bien façonné qu'on eût dit qu'ils ne souffraient point du mal de leurs dents ni de leur croît, autant que le reste du petit monde.

Ils étaient blonds et restèrent blonds toute leur vie. Ils avaient tout à fait bonne mine, de grands yeux bleus, les épaules bien avalées, le corps droit et bien planté, plus de taille et de hardiesse que ceux de leur âge, et tous les gens des alentours qui passaient par le bourg de la Cosse, s'arrêtaient pour les regarder, pour s'émerveiller de leur retirance, et chacun s'en allait disant : — C'est tout de même une jolie paire de gars.

Cela fut cause que, de bonne heure, les bessons s'accoutumèrent à être examinés et questionnés, et à ne point devenir honteux et sots en grandissant. Ils étaient à leur aise avec tout le monde, et, au lieu de se cacher derrière les buissons, comme font les enfants de chez nous quand ils aperçoivent un étranger, ils affrontaient le premier venu, mais toujours très-honnêtement, et répondaient à tout ce qu'on leur demandait, sans baisser la tête et sans se faire prier. Au premier moment, on ne faisait point entre eux de différence et on croyait voir un œuf et un œuf. Mais, quand on les avait observés un quart d'heure, on voyait que Landry était une miette plus grand et plus fort, qu'il avait le cheveu un peu plus épais, le nez plus fort et l'œil plus vif. Il avait aussi le front plus large et l'air plus décidé, et mêmement un signe que son frère avait à la joue droite, il l'avait à la joue gauche et beaucoup plus marqué. Les gens de l'endroit les reconnaissaient donc bien ; mais cependant il leur fallait un petit moment, et, à la tombée de la nuit ou à une petite distance, ils s'y trompaient quasi tous, d'autant plus que les bessons avaient la voix toute pareille, et que, comme ils savaient bien qu'on pouvait les confondre, ils répondaient au nom l'un de l'autre sans se donner la peine de vous avertir de la méprise. Le père Barbeau lui-même s'y embrouillait quelquefois. Il n'y avait, ainsi que la Sagette l'avait annoncé, que la mère qui ne s'y embrouillât jamais, fût-ce à la grande nuit, ou du plus loin qu'elle pouvait les voir venir ou les entendre parler.

En fait, l'un valait l'autre, et si Landry avait une idée de gaieté et de courage de plus que son aîné, Sylvinet était si amiteux et si fin d'esprit qu'on ne pouvait pas l'aimer moins que son cadet. On pensa bien, pendant trois mois, à les empêcher de trop s'accoutumer l'un à l'autre. Trois mois, c'est beaucoup, en campagne, pour observer une chose contre la coutume. Mais, d'un côté, on ne voyait point que cela fît grand effet ; d'autre part, M. le curé avait dit que la mère Sagette était une radoteuse et que ce que le bon Dieu avait mis dans les lois de la nature ne pouvait être défait par les hommes. Si bien qu'on oublia peu à peu tout ce qu'on s'était promis de faire. La première fois qu'on leur ôta leur fourreau pour les conduire à la messe en culottes, ils furent habillés du même drap, car ce fut un jupon de leur mère qui servit pour les deux habillements, et la façon fut la même, le tailleur de la paroisse n'en connaissant point deux.

Quand l'âge leur vint, on remarqua qu'ils avaient le même goût pour la couleur, et quand leur tante Rosette voulut leur faire cadeau à chacun d'une cravate, à la nouvelle année, ils choisirent tous deux la même cravate lilas qu'un mercier colporteur qui promenait sa marchandise de porte en porte sur le dos de son cheval percheron. La tante leur demanda si c'était pour l'idée qu'ils avaient d'être toujours habillés l'un comme l'autre. Mais les bessons n'en cherchaient pas si long; Sylvinet répondit que c'était la plus jolie couleur et le plus joli dessin de cravate qu'il y eût dans tout le ballot du mercier, et de suite Landry assura que toutes les autres cravates étaient vilaines.

— Et la couleur de mon cheval, dit le marchand en souriant, comment la trouvez-vous?

—Bien laide, dit Landry. Il ressemble à une vieille pie.

— Tout à fait laide, dit Sylvinet. C'est absolument une pie mal plumée.

— Vous voyez bien, dit le mercier à la tante, d'un air judicieux, que ces enfants-là ont la même vue. Si l'un voit jaune ce qui est rouge, aussitôt l'autre verra rouge ce qui est jaune, et il ne faut pas les contrarier là-dessus, car on dit que, quand on veut empêcher les bessons de se considérer comme les deux empreintes d'un même dessin, ils deviennent idiots et ne savent plus du tout ce qu'ils disent. — Le mercier disait cela parce que ses cravates lilas étaient mauvais teint et qu'il avait envie d'en vendre deux à la fois.

Par la suite du temps, tout alla de même, et les bessons furent habillés si pareillement, qu'on avait encore plus souvent lieu de les confondre, et soit par malice d'enfant, soit par la force de cette loi de nature que le curé croyait impossible à défaire, quand l'un avait cassé le bout de son sabot, bien vite l'autre écornait le sien du même pied; quand l'un déchirait sa veste ou sa casquette, sans tarder, l'autre imitait si bien la déchirure, qu'on aurait dit que le même accident l'avait occasionnée: et puis, mes bessons de rire et de prendre un air sournoisement innocent quand on leur demandait compte de la chose.

Bonheur ou malheur, cette amitié-là augmentait toujours avec l'âge, et le jour où ils surent raisonner un peu, ces enfants se dirent qu'ils ne pouvaient pas s'amuser avec d'autres enfants quand un des deux ne s'y trouvait pas; et le père ayant essayé d'en garder un toute la journée avec lui, tandis que l'autre restait avec la mère, tous les deux furent si tristes, si pâles et si lâches au travail, qu'on les crut malades. Et puis quand ils se retrouvèrent le soir, ils s'en allèrent tous deux par les chemins, se tenant par la main et ne voulant plus rentrer, tant ils avaient d'aise d'être ensemble, et aussi parce qu'ils boudaient un peu leurs parents de leur avoir fait ce chagrin-là. On n'essaya plus guère de recommencer, car il faut dire que le père et la mère, mêmement les oncles et les tantes, les frères et les sœurs, avaient pour les bessons une amitié qui tournait un peu en faiblesse. Ils en étaient fiers, à force d'en recevoir des compliments, et aussi parce que c'était, de vrai, deux enfants qui n'étaient ni laids, ni sots, ni méchants. De temps en temps, le père Barbeau s'inquiétait bien un peu de ce que deviendrait cette accoutumance d'être toujours ensemble quand ils seraient en âge d'homme, et, se remémorant les paroles de la Sagette, il essayait de les taquiner pour les rendre jaloux l'un de l'autre. S'ils faisaient une petite faute, il tirait les oreilles de Sylvinet par exemple, disant à Landry : Pour cette fois, je te pardonne à toi, parce que tu es ordinairement le plus raisonnable. Mais cela consolait Sylvinet d'avoir chaud aux oreilles, de voir qu'on avait épargné son frère, et Landry pleurait comme si c'était lui qui avait reçu la correction. On tenta aussi de donner, à l'un seulement, quelque chose dont tous deux avaient envie; mais tout aussitôt, si c'était chose bonne à manger, ils partageaient; ou si c'était toute autre amusette ou épelette à leur usage, ils le mettaient en commun, ou se le donnaient et redonnaient l'un à l'autre, sans distinction du tien et du mien. Faisait-on à l'un un compliment de sa conduite, en ayant l'air de ne pas rendre justice à l'autre, cet autre était content et fier de voir encourager et caresser son besson, et se mettait à le flatter et à le caresser aussi. Enfin, c'était peine perdue que de vouloir

les diviser d'esprit ou de corps, et comme on n'aime guère à contrarier des enfants qu'on chérit, même quand c'est pour leur bien, on laissa vite aller les choses comme Dieu voulut; ou bien on se fit de ces petites picoteries un jeu dont les deux bessons n'étaient point dupes. Ils étaient fort malins, et quelquefois, pour qu'on les laissât tranquilles, ils faisaient mine de se disputer et de se battre; mais ce n'était qu'un amusement de leur part, et ils n'avaient garde, en se roulant l'un sur l'autre, de se faire le moindre mal; si quelque badaud s'étonnait de les voir en bisbille, ils se cachaient pour rire de lui, et on les entendait babiller et chantonner ensemble comme deux merles dans une branche.

Malgré cette grande ressemblance et cette grande inclination, Dieu, qui n'a rien fait d'absolument pareil dans le ciel et sur la terre, voulut qu'ils eussent un sort bien différent, et c'est alors qu'on vit que c'étaient deux créatures séparées dans l'idée du bon Dieu, et différentes dans leur propre tempérament.

On ne vit la chose qu'à l'essai, et cet essai arriva après qu'ils eurent fait ensemble leur première communion. La famille du père Barbeau augmentait, grâce à ses deux filles aînées qui ne chômaient pas de mettre de beaux enfants au monde. Son fils aîné, Martin, un beau et brave garçon, était au service; ses gendres travaillaient bien, mais l'ouvrage n'abondait pas toujours. Nous avons eu, dans nos pays, une suite de mauvaises années, tant pour les vimaires du temps que pour les embarras du commerce, qui ont délogé plus d'écus de la poche des gens de campagne qu'elles n'y en ont fait rentrer. Si bien que le père Barbeau n'était pas assez riche pour garder tout son monde avec lui, et il fallait bien songer à mettre ses bessons en condition chez les autres. Le père Caillaud, de la Priche, lui offrit d'en prendre un pour toucher ses bœufs, parce qu'il avait un fort domaine à faire valoir, et que tous ses garçons étaient trop grands ou trop jeunes pour cette besogne-là. La mère Barbeau eut grand'peur et grand chagrin quand son mari lui en parla pour la première fois. On eût dit qu'elle n'avait jamais prévu que la chose dût arriver à ses bessons, et pourtant elle s'en était inquiétée leur vie durant; mais, comme elle était grandement soumise à son mari, elle ne sut que dire. Le père avait bien du souci aussi pour son compte, et il prépara la chose de loin. D'abord les deux bessons pleurèrent et passèrent trois jours à travers bois et prés, sans qu'on les vît, sauf à l'heure des repas. Ils ne disaient mot à leurs parents, et quand on leur demandait s'ils avaient pensé à se soumettre, ils ne répondaient rien, mais ils raisonnaient beaucoup quand ils étaient ensemble.

Le premier jour ils ne surent que se lamenter tous deux, et se tenir par les bras comme s'ils avaient crainte qu'on ne vînt les séparer par force. Mais le père Barbeau ne l'eût point fait. Il avait la sagesse d'un paysan, qui est faite moitié de patience et moitié de confiance dans l'effet du temps. Aussi le lendemain, les bessons voyant qu'on ne les taboulait point, et que l'on comptait que la raison leur viendrait, se trouvèrent-ils effrayés de la volonté paternelle qu'ils ne l'eussent été par menaces et châtiments. — Il faudra pourtant bien nous y ranger, dit Landry, et c'est à savoir lequel de nous s'en ira; car on nous a laissé le choix, et le père Caillaud a dit qu'il ne pouvait pas nous prendre tous les deux.

— Qu'est-ce que ça me fait que je parte ou que je reste, dit Sylvinet, puisqu'il faut que nous nous quittions? Je ne pense seulement pas à l'affaire d'aller vivre ailleurs; si j'y allais avec toi, je me désaccoutumerais bien de la maison.

— Ça se dit comme ça, reprit Landry, et pourtant celui qui restera avec nos parents aura plus de consolation et moins d'ennui que celui qui ne verra plus ni son besson, ni son père, ni sa mère, ni son jardin, ni ses bêtes, ni tout ce qui a coutume de lui faire plaisir.

Landry disait cela d'un air assez résolu; mais Sylvinet se remit à pleurer; car il n'avait pas autant de résolution que son frère, et l'idée de tout perdre et de tout quitter à la fois lui fit tant de peine qu'il ne pouvait plus s'arrêter dans ses larmes.

Landry pleurait aussi, mais pas autant, et pas de la même manière; car il pensait toujours à prendre pour lui le plus gros de la peine, et il voulait voir ce que son frère en pouvait supporter, afin de lui épargner tout le reste. Il connut bien que Sylvinet avait plus peur que lui d'aller habiter un endroit étranger et de se donner à une famille autre que la sienne.

— Tiens, frère, lui dit-il, si nous pouvons nous décider à la séparation, mieux vaut que je m'en aille. Tu sais bien que je suis un peu plus fort que toi et que quand nous sommes malades, ce qui arrive presque toujours en même temps, la fièvre est plus forte après moi. On dit que nous mourrons peut-être si on nous sépare. Moi je ne crois pas que je mourrai; mais je ne répondrais pas de toi, et c'est pour cela que j'aime mieux te savoir avec notre mère, qui te consolera et te soignera. De fait, si l'on fait chez nous une différence entre nous deux, ce qui ne paraît guère, je crois bien que c'est toi qui es le plus chéri, et je sais que tu es le plus mignon et le plus amiteux. Reste donc, moi je partirai. Nous ne serons pas loin l'un de l'autre. Les terres du père Caillaud touchent les nôtres, et nous nous verrons tous les jours. Moi j'aime la peine et ça me distraira, et comme je cours mieux que toi, je viendrai plus vite te trouver aussitôt que j'aurai fini ma journée. Toi, n'ayant pas grand'chose à faire, tu viendras en te promenant me voir à mon ouvrage. Je serai bien moins inquiet à ton sujet que si tu étais dehors et moi dedans la maison. Par ainsi, je te demande d'y rester.

III.

Sylvinet ne voulut point entendre à cela; quoiqu'il eût le cœur plus tendre que Landry pour son père, sa mère et sa petite sœur Nanette, il s'effrayait de laisser l'endosse à son cher besson.

Quand ils eurent bien discuté, ils tirèrent à la courte-paille et le sort tomba sur Landry. Sylvinet ne fut pas content de l'épreuve et voulut tenter à pile ou face avec un gros sou. Face tomba trois fois pour lui, c'était toujours à Landry de partir.

— Tu vois bien que le sort le veut, dit Landry, et tu sais qu'il ne faut pas contrarier le sort.

Le troisième jour, Sylvinet pleura bien encore, mais Landry ne pleura presque plus. La première idée du départ lui avait fait peut-être une plus grosse peine qu'à son frère, parce qu'il avait mieux senti son courage et qu'il ne s'était pas endormi sur l'impossibilité de résister à ses parents; mais, à force de penser à son mal, il l'avait plus vite usé, et il s'était fait beaucoup de raisonnements, tandis qu'à force de se désoler, Sylvinet n'avait pas eu le courage de se raisonner : si donc Landry était tout décidé à partir, que Sylvinet ne l'était point encore à le voir s'en aller.

Et puis Landry avait un peu plus d'amour-propre que son frère. On leur avait tant dit qu'ils ne seraient jamais qu'une moitié d'homme s'ils ne s'habituaient pas à se quitter, que Landry, qui commençait à sentir l'orgueil de ses quatorze ans, avait envie de montrer qu'il n'était plus un enfant. Il avait toujours été le premier à persuader et à entraîner son frère, depuis la première fois qu'ils avaient été chercher un nid au faîte d'un arbre, jusqu'au jour où ils se trouvaient. Il réussit donc encore cette fois-là à le tranquilliser, et, le soir, en rentrant à la maison, il déclara à son père que son frère et lui se rangeaient au devoir, qu'ils avaient tiré au sort, et que c'était à lui, Landry, d'aller toucher les grands bœufs de la Priche.

Le père Barbeau prit ses deux bessons sur un de ses genoux, quoiqu'ils fussent déjà grands et forts, et il leur parla ainsi :

— Mes enfants, vous voilà en âge de raison, je le connais à votre soumission et j'en suis content. Souvenez-vous que quand les enfants font plaisir à leurs père et mère, ils font plaisir au grand Dieu du ciel qui les en récompense un jour ou l'autre. Je ne veux pas savoir lequel de vous deux s'est soumis le premier. Mais Dieu le sait et il bénira celui-là pour avoir bien parlé, comme il bénira aussi l'autre pour avoir bien écouté.

Là-dessus il conduisit ses bessons auprès de leur mère pour qu'elle leur fît son compliment; mais la mère Barbeau eut tant de peine à se retenir de pleurer, qu'elle ne put rien leur dire et se contenta de les embrasser.

Le père Barbeau, qui n'était pas un maladroit, savait bien lequel des deux avait le plus de courage et lequel avait le plus d'attache. Il ne voulut point laisser froidir la bonne volonté de Sylvinet, car il voyait que Landry était tout décidé pour lui-même, et qu'une seule chose, le chagrin de son frère, pouvait le faire broncher. Il éveilla donc Landry avant le jour, en ayant bien soin de ne pas secouer son aîné, qui dormait à côté de lui.

— Allons, petit, lui dit-il tout bas, il nous faut partir pour la Priche avant que ta mère te voye, car tu sais qu'elle a du chagrin, et il faut lui épargner les adieux. Je vas te conduire chez ton nouveau maître et porter ton paquet.

— Ne dirai-je pas adieu à mon frère ? demanda Landry. Il m'en voudra si je le quitte sans l'avertir.

— Si ton frère s'éveille et te voit partir, il pleurera, il réveillera votre mère, et votre mère pleurera encore plus fort, à cause de votre chagrin. Allons, Landry, tu es un garçon de grand cœur, et tu ne voudrais pas rendre ta mère malade. Fais ton devoir tout entier, mon enfant; pars sans faire semblant de rien. Pas plus tard que ce soir, je te conduirai ton frère, et comme c'est demain dimanche, tu viendras voir ta mère sur le jour.

Landry obéit bravement et passa la porte de la maison sans regarder derrière lui. La mère Barbeau n'était pas si bien endormie ni si tranquille qu'elle n'eût entendu tout ce que son homme disait à Landry. La pauvre femme, sentant la raison de son mari, ne bougea et se contenta d'écarter un peu son rideau pour voir sortir Landry. Elle eut le cœur si gros qu'elle se jeta à bas du lit pour aller l'embrasser, mais elle s'arrêta quand elle fut devant le lit des bessons, où Sylvinet dormait encore à pleins yeux. Le pauvre garçon avait tant pleuré depuis trois jours et quasi trois nuits, qu'il était vanné par la fatigue, et même il se sentait d'un peu de fièvre, car il se tournait et retournait sur son coussin, envoyant de gros soupirs et gémissant sans pouvoir se réveiller.

Alors la mère Barbeau, voyant et avisant le seul de ses bessons qui lui restât, ne put pas s'empêcher de se dire que c'était celui qu'elle eût vu partir avec le plus de peine. Il est bien vrai qu'il était le plus sensible des deux, soit qu'il eût le tempérament moins fort, soit que Dieu, dans sa loi de nature, ait écrit que de deux personnes qui s'aiment, soit d'amour, soit d'amitié, il y en a toujours une qui doit donner de son cœur plus que l'autre. Le père Barbeau avait un brin de préférence pour Landry, parce qu'il faisait cas du travail et du courage plus que des caresses et des attentions. Mais la mère avait ce brin de préférence pour le plus gracieux et le plus câlin, qui était Sylvinet.

La voilà donc qui se prend à regarder son pauvre gars, tout pâle et tout défait, et qui se dit que ce serait grand'pitié de le mettre déjà en condition, parce que Landry a plus d'étoffe pour endurer la peine, et que d'ailleurs l'amitié pour son besson et pour sa mère ne le foule pas au point de le mettre en danger de maladie. C'est un enfant qui a une grande idée de son devoir, pensait-elle; mais tout de même, s'il n'avait pas le cœur un peu dur, il ne serait pas parti comme ça sans barguigner, sans tourner la tête et sans verser une pauvre larme. Il n'aurait pas eu la force de faire deux pas sans se jeter sur ses genoux pour demander courage au bon Dieu, et il se serait approché de mon lit, où je faisais la frime de dormir, tant seulement pour me regarder et pour embrasser le bout de mon rideau. Mon Landry est bien un véritable garçon. Ça ne demande qu'à vivre, à remuer, à travailler et à changer de place. Mais celui-ci a le cœur d'une fille; c'est si tendre et si doux qu'on ne peut pas s'empêcher d'aimer ça comme ses yeux.

Ainsi devisait en elle-même la mère Barbeau tout en retournant à son lit, où elle ne se rendormit point, tandis que le père Barbeau emmenait Landry à travers prés et pacages du côté de la Priche. Quand ils furent sur une petite hauteur, d'où l'on ne voit plus les bâtiments de la Cosse aussitôt qu'on se met à la descendre, Landry s'arrêta et se retourna. Le cœur lui enfla, et il s'assit sur la fougère, ne pouvant faire un pas de plus. Son père fit mine de ne point s'en apercevoir et de continuer à marcher. Au bout d'un petit moment, il l'appela bien doucement en lui disant :

— Voilà qu'il fait jour, mon Landry ; dégageons-nous si nous voulons arriver avant le soleil levé.

Landry se releva, et comme il s'était juré de ne point pleurer devant son père, il rentra ses larmes qui lui venaient dans les yeux grosses comme des pois. Il fit comme s'il avait laissé tomber son couteau de sa poche, et il arriva à la Priche sans avoir montré sa peine, qui pourtant n'était pas mince.

IV.

Le père Caillaud, voyant que des deux bessons on lui amenait le plus fort et le plus diligent, fut tout aise de le recevoir. Il savait bien que cela n'avait pas dû se décider sans chagrin, et comme c'était un brave homme et un bon voisin, fort ami du père Barbeau, il fit de son mieux pour flatter et encourager le jeune gars. Il lui fit donner vitement la soupe et un pichet de vin pour lui remettre le cœur, car il était aisé de voir que le chagrin y était. Il le mena ensuite avec lui pour lier les bœufs, et il lui fit compliment de la manière dont il s'y prenait. De fait, Landry n'était pas novice dans cette besogne-là ; car son père avait une jolie paire de bœufs, qu'il avait souvent ajustés et conduits à merveille. Aussitôt que l'enfant vit les grands bœufs du père Caillaud, qui étaient les mieux tenus, les mieux nourris et les plus forts de race de tout le pays, il se sentit chatouillé dans son orgueil d'avoir si belle aumaille au bout de son aiguillon. Et puis il était content de montrer qu'il n'était ni maladroit ni lâche, et qu'on n'avait rien de nouveau à lui apprendre. Son père ne manqua pas de le faire valoir, et quand le moment fut venu de partir pour les champs, tous les enfants du père Caillaud, garçons et filles, grands et petits, vinrent embrasser le besson, et la plus jeune des filles lui attacha une branchée de fleurs avec des rubans à son chapeau, parce que c'était son premier jour de service et comme un jour de fête pour la famille qui le recevait. Avant de le quitter, son père lui fit une admonestation en présence de son nouveau maître, lui commandant de le contenter en toutes choses et d'avoir soin de son bétail comme si c'était son bien propre.

Là-dessus, Landry ayant promis de faire de son mieux, s'en alla au labourage, où il fit bonne contenance et bon office tout le jour, et d'où il revint ayant grand appétit ; car c'était la première fois qu'il travaillait aussi rude, et un peu de fatigue est un souverain remède contre le chagrin.

Mais ce fut plus malaisé à passer pour le pauvre Sylvinet, à la Bessonnière ; car il faut vous dire que la maison et la propriété du père Barbeau, situées au bourg de la Cosse, avaient pris ce nom-là depuis la naissance des deux enfants, et à cause que, peu de temps après, une servante de la maison avait mis au monde une paire de bessonnes qui n'avaient point vécu. Or, comme les paysans sont grands donneurs de sornettes et sobriquets, la maison et la terre avaient reçu le nom de Bessonnière ; et partout où se montraient Sylvinet et Landry, les enfants ne manquaient pas de crier autour d'eux : — Voilà les bessons de la Bessonnière !

Or donc, il y avait grande tristesse ce jour-là à la Bessonnière du père Barbeau. Sitôt que Sylvinet fut éveillé, et qu'il ne vit point son frère à son côté, il se douta de la vérité, mais il ne pouvait croire que Landry pût être parti comme cela sans lui dire adieu ; et il était fâché contre lui au milieu de sa peine.

— Qu'est-ce que je lui ai donc fait, disait-il à sa mère, et en quoi ai-je pu le mécontenter ? Tout ce qu'il m'a con-

seillé de faire, je m'y suis toujours rendu ; et quand il m'a recommandé de ne point pleurer devant vous, ma mère mignonne, je me suis retenu de pleurer, tant que la tête m'en sautait. Il m'avait promis de ne pas s'en aller sans me dire encore des paroles pour me donner courage, et sans déjeuner avec moi au bout de la Chenevière, à l'endroit où nous avions coutume d'aller causer et nous amuser tous les deux. Je voulais lui faire son paquet et lui donner mon couteau qui vaut mieux que le sien. Vous lui aviez donc fait son paquet hier soir sans me rien dire, ma mère, et vous saviez donc qu'il voulait s'en aller sans me dire adieu ?

— J'ai fait la volonté de ton père, répondit la mère Barbeau.

Et elle dit tout ce qu'elle put s'imaginer pour le consoler. Il ne voulait entendre à rien ; et ce ne fut que quand il vit qu'elle pleurait aussi, qu'il se mit à l'embrasser, à lui demander pardon d'avoir augmenté sa peine, et à lui promettre de rester avec elle pour la dédommager. Mais aussitôt qu'elle l'eut quitté pour vaquer à la basse-cour et à la lessive, il se prit à courir du côté de la Priche, sans même songer où il allait, mais se laissant emporter par son instinct comme un pigeon qui court après sa pigeonne sans s'embarrasser du chemin.

Il aurait été jusqu'à la Priche s'il n'avait rencontré son père qui en revenait, et qui le prit par la main pour le ramener, en lui disant : — Nous irons ce soir, mais il ne faut pas détemer ton frère pendant qu'il travaille, ça ne contenterait pas son maître ; d'ailleurs la femme de chez nous est dans la peine, et je compte que c'est toi qui la consoleras.

V.

Sylvinet revint se pendre aux jupons de sa mère comme un petit enfant, et ne la quitta point de la journée, lui parlant toujours de Landry et ne pouvant pas se défendre de penser à lui, en passant par tous les endroits et recoins où ils avaient eu coutume de passer ensemble. Le soir il alla à la Priche avec son père, qui voulut l'accompagner. Sylvinet était comme fou d'aller embrasser son besson, et il n'avait pas pu souper, tant il avait de hâte de partir. Il comptait que Landry viendrait au-devant de lui, et il s'imaginait toujours le voir accourir. Mais Landry, quoiqu'il en eût bonne envie, ne bougea point. Il craignit d'être moqué par les jeunes gens et les gars de la Priche pour cette amitié bessonnière qui passait pour une sorte de maladie, si bien que Sylvinet le trouva à table, buvant et mangeant comme s'il eût été toute sa vie avec la famille Caillaud.

Aussitôt que Landry le vit entrer, pourtant, le cœur lui sauta de joie, et s'il ne se fût pas contenu, il aurait fait tomber la table et le banc pour l'embrasser plus vite. Mais il n'osa, parce que ses maîtres le regardaient curieusement, se faisant un amusement de voir dans cette amitié une chose nouvelle et un phénomène de nature, comme disait le maître d'école de l'endroit.

Aussi, quand Sylvinet vint se jeter sur lui, l'embrasser tout en pleurant, et se serrer contre lui comme un oiseau se pousse dans le nid contre son frère pour se réchauffer, Landry fut fâché à cause des autres, tandis qu'il ne pouvait pourtant pas s'empêcher d'être content pour son compte ; mais il voulait avoir l'air plus raisonnable que son frère, et il lui fit de temps en temps signe de s'observer, ce qui étonna et fâcha grandement Sylvinet. Làdessus, le père Barbeau s'étant mis à causer et à boire un coup ou deux avec le père Caillaud, les deux bessons sortirent ensemble, Landry voulant bien aimer et caresser son frère comme en secret. Mais les autres gars les observèrent de loin ; et mêmement la petite Solange, la plus jeune des filles du père Caillaud, qui était maligne et curieuse comme un vrai linot, les suivit à petits pas jusque dans la coudrière, riant d'un air penaud quand ils faisaient attention à elle, mais n'en démordant point, parce qu'elle s'imaginait toujours qu'elle allait voir quelque chose de singulier, et ne sachant pourtant pas ce qu'il peut y avoir de surprenant dans l'amitié de deux frères.

Sylvinet, quoiqu'il fût étonné de l'air tranquille dont son frère l'avait abordé, ne songea pourtant pas à lui en faire reproche, tant il était content de se trouver avec lui. Le lendemain, Landry sentant qu'il s'appartenait, parce que le père Caillaud lui avait donné licence de tout devoir, il partit de si grand matin qu'il pensa surprendre son frère au lit. Mais malgré que Sylvinet fût le plus dormeur des deux, il s'éveilla dans le moment que Landry passait la barrière de l'ouche, et s'en courut nu-pieds comme si quelque chose lui eût dit que son besson approchait de lui. Ce fut pour Landry une journée de parfait contentement. Il avait du plaisir à revoir sa famille et sa maison, depuis qu'il savait qu'il n'y reviendrait pas tous les jours, et que ce serait pour lui comme une récompense. Sylvinet oublia toute sa peine jusqu'à la moitié du jour. Au déjeuner, il s'était dit qu'il dînerait avec son frère ; mais quand le dîner fut fini, il pensa que le souper serait le dernier repas, et il commença d'être inquiet et mal à son aise. Il soignait et câlinait son besson à plein cœur, lui donnant ce qu'il y avait de meilleur à manger, le croûton de son pain et le cœur de sa salade ; et puis il s'inquiétait de son habillement, de sa chaussure, comme s'il eût dû s'en aller bien loin, et comme s'il était bien à plaindre, sans se douter qu'il était lui-même le plus à plaindre des deux, parce qu'il était le plus affligé.

VI.

La semaine se passa de même, Sylvinet allant voir Landry tous les jours, et Landry s'arrêtant avec lui un moment ou deux quand il venait du côté de la Bessonnière ; Sylvinet ne le prenant pas du tout, et comptant les jours, les heures, comme une âme en peine.

Il n'y avait au monde que Landry qui pût faire entendre raison à son frère. Aussi la mère eut-elle recours à lui pour l'engager à se tranquilliser ; car de jour en jour l'affliction du pauvre enfant augmentait. Il ne jouait plus, il ne travaillait que commandé ; il promenait encore sa petite sœur, mais sans presque lui parler et sans songer à l'amuser, la regardant seulement pour l'empêcher de tomber et d'attraper du mal. Aussitôt qu'on n'avait plus les yeux sur lui, il s'en allait tout seul et se cachait si bien qu'on ne savait où le prendre. Il entrait dans tous les fossés, dans toutes les bouchures, dans toutes les ravines, où il avait eu accoutumance de jouer et de deviser avec Landry, et il s'asseyait sur les racines où ils s'étaient assis ensemble, il mettait ses pieds dans tous les filets d'eau où ils avaient pataugé comme deux vraies canettes ; il était content quand il y retrouvait quelques bouts de bois que Landry avait chapusés avec sa serpette, ou quelques cailloux dont il s'était servi comme de palet ou de pierre à feu. Il les recueillait et les cachait dans un trou d'arbre ou sous une cosse de bois, afin de venir les reprendre et les regarder de temps en temps, comme si ç'avait été des choses de conséquence. Il songeait ainsi toujours se remémorant et creusant dans sa tête pour y retrouver toutes les petites souvenances de son bonheur passé. Ça n'eût paru rien à un autre, et pour lui c'était tout. Il ne prenait point souci du temps à venir, n'ayant courage pour penser à une suite de jours comme ceux qu'il endurait. Il ne pensait qu'au temps passé, et se consumait dans une rêvasserie continuelle.

À des fois, il s'imaginait voir et entendre son besson, et il causait tout seul, croyant lui répondre. Ou bien il s'endormait là où il se trouvait, et rêvant de lui ; et quand il se réveillait, il pleurait d'être seul, ne comptant pas ses larmes et ne les retenant point, parce qu'il espérait qu'à fine force la fatigue userait et abattrait sa peine.

Une fois qu'il avait été vaguer jusqu'au droit des tailles de Champeaux, il retrouva sur le riot qui sort du bois au temps des pluies, et qui était maintenant quasiment tout asséché, un de ces petits moulins que font les enfants de chez nous avec des grobilles, et qui sont si finement agencés qu'ils tournent au courant de l'eau et restent là quelquefois bien longtemps, jusqu'à ce que d'autres enfants les cassent ou que les grandes eaux les emmènent. Celui que Sylvinet retrouva, sain et entier, était là depuis plus de deux mois, et, comme l'endroit était désert, il n'avait été vu ni endommagé par personne. Sylvinet le reconnaissait bien pour être l'ouvrage de son besson, et, en le faisant, ils s'étaient promis de venir le voir ; mais ils n'y avaient plus songé, et depuis ils avaient fait bien d'autres moulins dans d'autres endroits.

Sylvinet fut donc tout aise de le retrouver, et il le porta un peu plus bas, là où le riot s'était retiré, pour le voir tourner et se rappeler l'amusement que Landry avait eu à lui donner le premier branle. Et puis il le laissa, se faisant un plaisir d'y revenir au premier dimanche avec Landry, pour lui montrer comme leur moulin avait résisté, pour être solide et bien construit.

Mais il ne put se tenir d'y revenir tout seul le lendemain, et il trouva le bord du riot tout troublé et tout battu par les pieds des bœufs qui y étaient venus boire, et qu'on avait mis pacager le matin dans la taille. Il avança un petit peu, et vit que les animaux avaient marché sur son moulin et l'avaient si bien mis en miettes qu'il n'en trouva que peu. Alors il eut le cœur gros, et s'imagina que quelque malheur avait dû arriver ce jour-là à son besson, et il courut jusqu'à la Priche pour s'assurer qu'il n'avait aucun mal. Mais comme il s'était aperçu que Landry n'aimait pas à le voir venir sur le jour, à cause qu'il craignait de fâcher son maître en se laissant détemcer, il se contenta de le regarder de loin pendant qu'il travaillait, et il ne se fit point voir à lui. Il aurait eu honte de confesser quelle idée l'avait fait accourir, et il s'en retourna sans mot dire et sans en parler à personne, que bien longtemps après.

Comme il devenait pâle, dormait mal et ne mangeait quasi point, sa mère était bien affligée et ne savait que faire pour le consoler. Elle essayait de le mener avec elle au marché, ou de l'envoyer aux foires à bestiaux avec son père ou ses oncles ; mais de rien il ne se souciait ni ne s'amusait, et le père Barbeau, sans lui en rien dire, essayait de persuader au père Caillaud de prendre les deux bessons à son service. Mais le père Caillaud lui répondait une chose dont il sentait la raison.

— Un suppose que je les prendrais tous deux pour un temps, ça ne pourrait pas durer, car, là où il faut un serviteur, il n'en est besoin de deux pour des gens comme nous. Au bout de l'année, il vous faudrait toujours en louer un quelque autre part. Et ne voyez-vous pas que si votre Sylvinet était dans un endroit où on le forçât de travailler, il ne songerait pas tant, et ferait comme l'autre, qui en a pris bravement son parti ? Tôt ou tard il faudra en venir là. Vous ne le louerez peut-être pas où vous voudrez, et si ces enfants doivent encore être plus éloignés l'un de l'autre, et ne se voir que de semaine en semaine, ou de mois en mois, il vaut mieux commencer à les accoutumer à n'être pas toujours dans la poche l'un de l'autre. Soyez donc plus raisonnable que cela, mon vieux, et ne faites pas tant d'attention au caprice d'un enfant que votre femme et vos autres ont point trop écouté et trop câliné. Le plus fort est fait, et croyez bien qu'il s'habituera au reste si vous ne cédez point.

Le père Barbeau se rendait et reconnaissait que plus Sylvinet voyait son besson, tant plus il avait envie de le voir. Et il se promettait, à la prochaine Saint-Jean, d'essayer de le louer, afin que voyant de moins en moins Landry, il prît finalement le pli de vivre comme les autres et de ne pas se laisser surmonter par une amitié qui tournait en fièvre et en langueur.

Mais il ne fallait point encore parler de cela à la mère Barbeau ; car, au premier mot, elle versait toutes les larmes de son corps. Elle disait que Sylvinet était capable de se périr, et le père Barbeau était grandement embarrassé.

Landry, étant conseillé par son père et par son maître, et aussi par sa mère, ne manquait point de raisonner son pauvre besson ; mais Sylvinet ne se défendait point, promettait tout, et ne se pouvait vaincre. Il y avait dans sa

Ils s'en allèrent tous les deux par les chemins, se tenant par la main. (Page 4.)

peine quelque autre chose qu'il ne disait point, parce qu'il n'eût su comment le dire : c'est qu'il lui était poussé dans le fin-fond du cœur une jalousie terrible à l'endroit de Landry. Il était content, plus content que jamais il ne l'avait été, de voir qu'un chacun le tenait en estime et que ses nouveaux maîtres le traitaient aussi amiteusement que s'il avait été l'enfant de la maison. Mais si cela le réjouissait d'un côté, de l'autre il s'affligeait et s'offensait de voir Landry répondre trop, selon lui, à ces nouvelles amitiés. Il ne pouvait souffrir que, sur un mot du père Caillaud, tant doucement et patiemment qu'il fût appelé, il courût vitement au-devant de son vouloir, laissant là père, mère et frère, plus inquiet de manquer à son devoir qu'à son amitié, et plus prompt à l'obéissance que Sylvinet ne s'en serait senti capable quand il s'agissait de rester quelques moments de plus avec l'objet d'un amour si fidèle.

Alors le pauvre enfant se mettait en l'esprit un souci que, devant, il n'avait eu, à savoir qu'il était le seul à aimer, et que son amitié lui était mal rendue ; que cela avait dû exister de tout temps sans être venu d'abord à sa connaissance ; ou bien que, depuis un temps, l'amour

de son besson s'était refroidi, parce qu'il avait rencontré par ailleurs des personnes qui lui convenaient mieux et lui agréaient davantage.

VII.

Landry ne pouvait pas deviner cette jalousie de son frère ; car, de son naturel, il n'avait eu, quant à lui, jalousie de rien en sa vie. Lorsque Sylvinet venait le voir à la Priche, Landry, pour le distraire, le conduisait voir les grands bœufs, les belles vaches, le brebiage conséquent et les grosses récoltes du fermage au père Caillaud ; car Landry estimait et considérait tout cela, non par envie, mais pour le goût qu'il avait au travail de la terre, à l'élevage des bestiaux, et pour le beau et le bien fait dans toutes les choses de la campagne. Il prenait plaisir à voir propre, grasse et reluisante, la pouliche qu'il menait au pré, et il ne pouvait souffrir que le moindre ouvrage fût fait sans conscience, ni qu'aucune chose pouvant vivre et fructifier, fût délaissée, négligée et comme méprisée, emmy les cadeaux du bon Dieu. Sylvinet re-

Au loup ! au loup ! le vilain besson... (Page 12.)

gardait tout cela avec indifférence et s'étonnait que son frère prît tant à cœur des choses qui ne lui étaient de rien. Il était ombrageux de tout, et disait à Landry :

— Te voilà bien épris de ces grands bœufs; tu ne penses plus à nos petits taurins qui sont si vifs et qui étaient pourtant si doux et si mignons avec nous deux, qu'ils se laissaient lier par toi plus volontiers que par notre père. Tu ne m'as pas seulement demandé des nouvelles de notre vache qui donne du si bon lait, et qui me regarde d'un air tout triste, la pauvre bête, quand je lui porte à manger, comme si elle comprenait que je suis tout seul, et comme si elle voulait me demander où est l'autre besson.

— C'est vrai qu'elle est une bonne bête, disait Landry; mais regarde donc celles d'ici ! tu les verras traire, et jamais de ta vie tu n'auras vu tant de lait à la fois.

— Ça se peut, reprenait Sylvinet, mais pour être d'aussi bon lait et d'aussi bonne crème que la crème et le lait de la Brunette, je gage bien que non, car les herbes de la Bessonnière sont meilleures que celles de par ici.

— Diantre ! disait Landry, je crois bien que mon père échangerait pourtant de bon cœur, si on lui donnait les grands foins du père Caillaud pour sa joncière du bord de l'eau !

— Bah ! reprenait Sylvinet en levant les épaules, il y a dans la joncière des arbres plus beaux que tous les vôtres, et tant qu'au foin, s'il est rare, il est fin, et quand on le rentre, c'est comme une odeur de baume qui reste tout le long du chemin.

Ils disputaient ainsi sur rien, car Landry savait bien qu'il n'est point de plus bel avoir que celui qu'on a, et Sylvinet ne pensait pas à son avoir plus qu'à celui d'autrui, en méprisant celui de la Priche; mais au fond de toutes ces paroles en l'air, il y avait, d'une part, l'enfant qui était content de travailler et de vivre, n'importe où et comment, et de l'autre, celui qui ne pouvait point comprendre que son frère eût à part de lui un moment d'aise et de tranquillité.

Si Landry le menait dans le jardin de son maître, et que tout en devisant avec lui, il s'interrompît pour couper une branche morte sur une ente, ou pour arracher une mauvaise herbe qui gênait les légumes, cela fâchait Sylvinet, qu'il eût toujours une idée d'ordre et de service pour autrui, au lieu d'être comme lui à l'affût du moindre souffle et de la moindre parole de son frère. Il n'en faisait rien parce qu'il avait honte de se sentir si facile à choquer; mais au moment de le quitter, il lui disait souvent : — Allons, tu as bien assez de moi pour aujourd'hui; peut-être bien que tu en as trop et que le temps te dure de me voir ici.

Landry ne comprenait rien à ces reproches-là. Ils lui faisaient de la peine, et, à son tour, il en faisait reproche à son frère qui ne voulait ni ne pouvait s'expliquer.

Si le pauvre enfant avait la jalousie des moindres choses qui occupaient Landry, il avait encore plus fort celle des personnes à qui Landry montrait de l'attachement. Il ne pouvait souffrir que Landry fût camarade et de bonne humeur avec les autres gars de la Priche, et quand il le voyait prendre soin de la petite Solange, la caresser ou l'amuser, il lui reprochait d'oublier sa petite sœur Nanette, qui était, à son dire, cent fois plus mignonne, plus propre et plus aimable que cette vilaine fille-là.

Mais comme on n'est jamais dans la justice quand on se laisse manger le cœur par la jalousie, lorsque Landry venait à la Bessonnière, il paraissait s'occuper trop, selon lui, de sa petite sœur. Sylvinet lui reprochait de ne faire attention qu'à elle, et de n'avoir plus avec lui que de l'ennui et de l'indifférence.

Enfin, son amitié devint peu à peu si exigeante et son humeur si triste, que Landry commençait à en souffrir et à ne pas se trouver heureux de le voir trop souvent. Il était un peu fatigué de s'entendre toujours reprocher d'avoir accepté son sort comme il le faisait, et on eût dit que Sylvinet se serait trouvé aussi malheureux s'il eût pu rendre son frère moins malheureux que lui. Landry comprit et voulut lui faire comprendre que l'amitié, à force d'être grande, peut quelquefois devenir un mal. Sylvinet ne voulut point entendre cela, et considéra comme la chose comme une grande dureté que son frère lui disait; si bien qu'il commença à le bouder de temps en temps, et à passer des semaines entières sans aller à la Priche, mourant d'envie pourtant de le faire, mais s'en défendant et mettant de l'orgueil dans une chose où jamais il n'aurait dû y en entrer un brin.

Il arriva même que, de paroles en paroles, et de fâcheries en fâcheries, prenant toujours en mauvaise part tout ce que Landry lui disait de plus sage et de plus honnête pour lui remettre l'esprit, le pauvre Sylvinet en vint à avoir tant de dépit qu'il s'imaginait par moment haïr l'objet de tant d'amour, et qu'il quitta la maison, un dimanche, pour ne point passer la journée avec son frère, qui n'avait pourtant pas une seule fois manqué d'y venir.

Cette mauvaiseté d'enfant chagrina grandement Landry. Il aimait le plaisir et la turbulence, parce que, chaque jour, il devenait plus fort et plus dégagé. Dans tous les jeux, il était le premier, le plus subtil de corps et d'œil. C'était donc un petit sacrifice qu'il faisait à son frère, de quitter les joyeux gars de la Priche, chaque dimanche, pour passer tout le jour à la Bessonnière, où il ne fallait point parler à Sylvinet d'aller jouer sur la place de la Cosse, ni même de se promener ici ou là. Sylvinet, qui était resté enfant de corps et d'esprit beaucoup plus que son frère, et qui n'avait qu'une idée, celle de l'aimer uniquement et d'en être aimé de même, voulait qu'il vînt avec lui tout seul dans leurs endroits, comme il disait, à savoir dans les recoins et cachettes où ils avaient été s'amuser à des jeux qui n'étaient maintenant plus de leur âge : comme de faire petites brouettes d'osier, ou petits moulins, ou saulnées à prendre les petits oiseaux; ou encore des maisons avec des cailloux, et des champs grands comme un mouchoir de poche, que les enfants font mine de labourer à plusieurs façons, faisant imitation en petit de ce qu'ils voient faire aux laboureurs, semeurs, herseurs, héserbeurs et moissonneurs, et s'apprenant ainsi les uns aux autres, dans leur temps, toutes les façons, cultures et récoltes que reçoit et donne la terre dans le cours de l'année.

Ces amusements-là n'étaient plus du goût de Landry qui maintenant pratiquait ou aidait à pratiquer la chose en grand, et qui aimait mieux conduire un grand charroi

à six bœufs, que d'attacher une petite voiture de branchages à la queue de son chien. Il aurait souhaité aller s'escrimer avec les forts gars de son endroit, jouer aux grandes quilles, vu qu'il était devenu adroit à enlever la grosse boule et à la faire rouler à point à trente pas. Quand Sylvinet consentait à y aller, au lieu de jouer il se mettait dans un coin sans rien dire, tout prêt à s'ennuyer et à se tourmenter si Landry avait l'air de prendre au jeu trop de plaisir et de feu.

Enfin Landry avait appris à danser à la Priche, et quoique ce goût lui fût venu tard, à cause que Sylvinet ne l'avait jamais eu, il dansait déjà aussi bien que ceux qui s'y prennent dès qu'ils savent marcher. Il était estimé bon danseur de bourrée à la Priche, et quoiqu'il n'eût pas encore de plaisir à embrasser les filles, comme c'est la coutume de le faire à chaque danse, il était content de les embrasser, parce que cela le sortait, par apparence, de l'état d'enfant; et il eût même souhaité qu'elles y fissent un peu de façon comme elles font avec les hommes. Mais elles n'en faisaient point encore, et mêmement les plus grandes le prenaient par le cou en riant, ce qui l'ennuyait un peu.

Sylvinet l'avait vu danser une fois, et cela avait été cause d'un de ses plus grands dépits. Il avait été si en colère de le voir embrasser une des filles du père Caillaud, qu'il avait pleuré de jalousie et trouvé la chose tout à fait indécente et malchrétienne.

Ainsi donc, chaque fois que Landry sacrifiait son amusement à l'amitié de son frère, il ne passait pas un dimanche bien divertissant, et pourtant il n'y avait jamais manqué, estimant que Sylvinet lui en saurait gré, et ne regrettant pas un peu d'ennui dans l'idée de donner du contentement à son frère.

Aussi quand il vit que son frère, qui lui avait cherché castille dans la semaine, avait quitté la maison pour ne pas se réconcilier avec lui, il prit à son tour du chagrin, et, pour la première fois depuis qu'il avait quitté sa famille, il pleura à grosses larmes et alla se cacher, ayant toujours honte de montrer son chagrin à ses parents, et craignant d'augmenter celui qu'ils pouvaient avoir.

Si quelqu'un eût dû être jaloux, Landry y aurait eu pourtant plus de droits que Sylvinet. Sylvinet était le mieux aimé de la mère, et mêmement le père Barbeau, quoiqu'il eût une préférence secrète pour Landry, montrait à Sylvinet plus de complaisance et de ménagement. Ce pauvre enfant étant le moins fort et le moins raisonnable, était aussi le plus gâté, et on craignait davantage de le chagriner. Il avait le meilleur sort, puisqu'il était dans la famille et que son besson avait pris pour lui l'absence et la peine.

Pour la première fois le bon Landry se fit tout ce raisonnement, et trouva son besson tout à fait injuste envers lui. Jusque-là son bon cœur l'avait empêché de lui donner tort, et, plutôt que de l'accuser, il s'était condamné en lui-même d'avoir trop de santé, et trop d'ardeur au travail et au plaisir, et de ne pas savoir dire d'aussi douces paroles, ni s'aviser d'autant d'attentions fines que son frère. Mais, pour cette fois, il ne put trouver en lui-même aucun péché contre l'amitié; car, pour venir ce jour-là, il avait renoncé à une belle partie de pêche aux écrevisses que les gars de la Priche avaient complotée toute la semaine, et où ils lui avaient permis de venir sans danger parce qu'il voulait aller avec eux. Il avait donc résisté à une grande tentation, et, à cet âge-là, c'était beaucoup faire. Après qu'il eut bien pleuré, il s'arrêta à écouter quelqu'un qui pleurait aussi pas loin de lui, et qui causait tout seul, comme c'est assez la coutume des femmes de campagne quand elles ont un grand chagrin. Landry connut bien vite que c'était sa mère, et il courut à elle.

— Hélas ! faut-il, mon Dieu, disait-elle tout en sanglotant, que cet enfant-là me donne tant de souci ! Il me fera mourir, c'est bien sûr.

— Est-ce moi, ma mère, qui vous donne du souci? s'exclama Landry en se jetant à son cou. Si c'est moi, punissez-moi et ne pleurez point. Je ne sais pas en quoi j'ai pu vous fâcher, mais je vous en demande pardon tout de même.

A ce moment-là, la mère connut que Landry n'avait pas le cœur dur comme elle se l'était souvent imaginé. Elle l'embrassa bien fort, et, sans trop savoir ce qu'elle disait, tant elle avait de peine, elle lui dit que c'était Sylvinet, et non pas lui, dont elle se plaignait ; que, quant à lui, elle avait eu quelquefois une idée injuste, et qu'elle lui en faisait réparation ; mais que Sylvinet lui paraissait devenir fou, et qu'elle était dans l'inquiétude, parce qu'il était parti sans rien manger, avant le jour. Le soleil commençait à descendre, et il ne revenait pas. On l'avait vu à midi du côté de la rivière, et finalement la mère Barbeau craignait qu'il ne s'y fût jeté pour finir ses jours.

VIII.

Cette idée, que Sylvinet pouvait avoir eu envie de se détruire, passa de la tête de la mère dans celle de Landry aussi aisément qu'une mouche dans une toile d'araignée, et il se mit vivement à la recherche de son frère. Il avait bien du chagrin tout en courant, et il se disait : — Peut-être que ma mère avait raison autrefois de me reprocher mon cœur dur. Mais, à cette heure, il faut que Sylvinet ait le sien bien malade pour faire toute cette peine à notre pauvre mère et à moi.

Il courut de tous les côtés sans le trouver, l'appelant sans qu'il lui répondît, le demandant à tout le monde, sans qu'on pût lui en donner nouvelles. Enfin il se trouva au droit du pré de la Joncière, et il y entra, parce qu'il se souvient qu'il y avait, par là un endroit que Sylvinet affectionnait. C'était une grande coupure que la rivière avait faite dans les terres en déracinant deux ou trois vergnes qui étaient restés en travers de l'eau, les racines en l'air. Le père Barbeau n'avait pas voulu les retirer. Il les avait sacrifiés parce que, de la manière qu'ils étaient tombés, ils retenaient encore les terres qui restaient prises en gros cossons dans leurs racines, et cela était bien à propos ; car l'eau faisait tous les hivers beaucoup de dégâts dans sa joncière et chaque année lui mangeait un morceau de son pré.

Landry approcha donc de la coupure, car son frère et lui avaient pris la coutume d'appeler comme cela cet endroit de leur joncière. Il ne prit pas le temps de tourner jusqu'au coin où ils avaient fait eux-mêmes un petit escalier en mottes de gazon appuyées sur des pierres et des racicots, qui sont de grosses racines sortant de terre et donnant du rejet. Il sauta du plus haut qu'il put pour arriver vitement au fond de la coupure, à cause qu'il y avait au droit de la rive de l'eau tant de branchages et d'herbes plus hautes que sa taille, que si son frère s'y fût trouvé, il n'eût pu le voir, à moins d'y entrer.

Il y entra donc, en grand émoi, car il avait toujours dans son idée, ce que sa mère lui avait dit, que Sylvinet était dans le cas d'avoir voulu finir ses jours. Il passa et repassa dans tous les feuillages et battit tous les grands herbages, appelant Sylvinet en sifflant le chien qui sans doute l'avait suivi, car de tout le jour on ne l'avait point vu à la maison non plus que son jeune maître.

Mais Landry eut beau appeler et chercher, il se trouva tout seul dans la coupure. Comme c'était un garçon qui faisait toujours bien les choses et s'avisait de tout ce qui est à propos, il examina toutes les rives pour voir s'il n'y trouverait pas quelque marque de pied, ou quelque petit éboulement de terre qui n'eût point coutume d'y être. C'est une recherche bien triste et aussi bien embarrassante, car il y avait environ un mois que Landry n'avait vu l'endroit, et il avait beau le connaître comme on connaît sa main, il ne se pouvait faire qu'il n'y eût toujours quelque petit changement. Toute la rive droite était gazonnée, et mêmement; dans tout le fond de la coupure, le jonc et la prêle avaient poussé si dru dans le sable, qu'on ne pouvait voir un coin grand comme le pied pour y chercher une empreinte. Cependant, à force de tourner et de retourner, Landry trouva dans un fond la piste du chien, et même un endroit d'herbes foulées, comme si

Finot ou tout autre chien de sa taille s'y fût couché en rond.

Cela lui donna bien à penser, et il alla encore examiner la berge de l'eau. Il s'imagina trouver une déchirure toute fraîche, comme si une personne l'avait faite avec son pied en sautant, ou en se laissant glisser, et quoique la chose ne fût point claire, car ce pouvait tout aussi bien être l'ouvrage d'un de ces gros rats d'eau qui fourragent, creusent et rongent en pareils endroits, il se mit si fort en peine, que ses jambes lui manquaient, et qu'il se jeta sur ses genoux, comme pour se recommander à Dieu.

Il resta comme cela un peu de temps, n'ayant ni force ni courage pour aller dire à quelqu'un ce dont il était si fort angoissé, et regardant la rivière avec des yeux tout gros de larmes, comme s'il voulait lui demander compte de ce qu'elle avait fait de son frère.

Et, pendant ce temps-là, la rivière coulait bien tranquillement, frétillant sur les branches qui pendaient et trempaient le long des rives, et s'en allant dans les terres, avec un petit bruit, comme de quelqu'un qui rit et se moque à la sourdine.

Le pauvre Landry se laissa gagner et surmonter par son idée de malheur, si fort qu'il en perdait l'esprit, et que, d'une petite apparence qui pouvait bien ne rien présager, il se faisait une affaire à désespérer du bon Dieu.

— Cette méchante rivière qui ne dit mot, pensait-il, et qui me laisserait bien pleurer un an sans me rendre mon frère, est justement là au plus creux, et il y est tombé tant de cosses d'arbres depuis le temps qu'elle ruine le pré, que si on y entrait on ne pourrait jamais s'en retirer. Mon Dieu! faut-il que mon pauvre besson soit peut-être là, tout au fond de l'eau, couché à deux pas de moi, sans que je puisse le voir ni le retrouver dans les branches et dans les roseaux, quand même j'essayerais d'y descendre!

Là-dessus il se mit à pleurer son frère et à lui faire des reproches; et jamais de sa vie il n'avait eu un pareil chagrin.

Enfin l'idée lui vint d'aller consulter une femme veuve, qu'on appelait la mère Fadet, qui demeurait tout au bout de la Joncière, rasibus du chemin qui descend au gué. Cette femme, qui n'avait ni terre ni avoir autre que son petit jardin et sa petite maison, ne marchait pourtant point son pain, à cause de beaucoup de connaissance qu'elle avait sur les maux et dommages du monde ; et, de tous côtés, on venait la consulter. Elle pansait *du secret*, c'est comme qui dirait qu'au moyen du *secret*, elle guérissait les blessures, foulures et autres estropiages. Elle s'en faisait bien un peu accroire, car elle vous ôtait des maladies que vous n'aviez jamais eues, telles que le décrochement de l'estomac ou la chute de la toile du ventre, et pour ma part, je n'ai jamais ajouté foi entière à ces accidents-là, non plus que je n'accorde grande croyance à ce qu'on disait d'elle, qu'elle pouvait faire passer le lait d'une bonne vache dans le corps d'une mauvaise, tant vieille et mal nourrie fût-elle.

Mais pour ce qui est des bons remèdes qu'elle connaissait et qu'elle appliquait au refroidissement du corps, que nous appelons *sanglaçure ;* pour les emplâtres souverains qu'elle mettait sur les coupures et brûlures; pour les boissons qu'elle composait à l'encontre de la fièvre, il n'est point douteux qu'elle gagnait son argent et qu'elle a guéri nombre de malades que les médecins auraient fait mourir si l'on avait essayé de leurs remèdes. Du moins elle le disait, et ceux qu'elle avait sauvés aimaient mieux la croire que de s'y risquer.

Comme, dans la campagne, on n'est jamais savant sans être quelque peu sorcier, beaucoup pensaient que la mère Fadet en savait encore plus long qu'elle ne voulait le dire, et on lui attribuait de pouvoir faire retrouver les choses perdues, mêmement les personnes ; enfin, de ce qu'elle avait beaucoup d'esprit et de raisonnement pour vous aider à sortir de peine dans beaucoup de choses possibles, on inférait qu'elle pouvait en faire d'autres qui ne le sont pas.

Comme les enfants écoutent volontiers toutes sortes d'histoires, Landry avait ouï dire à la Priche, où le monde est notoirement crédule et plus simple qu'à la Cosse, que la mère Fadet, au moyen d'une certaine graine qu'elle jetait sur l'eau en disant des paroles, pouvait faire retrouver le corps d'une personne noyée. La graine surnageait et coulait le long de l'eau, et, là où on la voyait s'arrêter, on était sûr de retrouver le pauvre corps. Il y en a beaucoup qui pensent que le pain bénit a la même vertu, et il n'est guère de moulins où on n'en conserve toujours à cet effet. Mais Landry n'en avait point, la mère Fadet demeurait tout à côté de la Joncière, et le chagrin ne donne pas beaucoup de raisonnement.

Le voilà donc de courir jusqu'à la demeurance de la mère Fadet, et de lui conter sa peine, en la priant de venir jusqu'à la coupure avec lui pour essayer par son secret de lui faire retrouver son frère, vivant ou mort. Mais la mère Fadet, qui n'aimait point à se voir outrepassée de sa réputation, et qui n'exposait pas volontiers son talent pour rien, se gaussa de lui et le renvoya même assez durement, parce qu'elle n'était pas contente que, dans le temps, on eût employé la Sagette à sa place, pour les femmes en mal d'enfant au logis de la Bessonnière.

Landry, qui était un peu fier de son naturel, se serait peut-être plaint ou fâché dans un autre moment : mais il était si accablé qu'il ne dit mot et s'en retourna du côté de la coupure, décidé à se mettre à l'eau, bien qu'il ne sût encore plonger ni nager. Mais, comme il marchait la tête basse et les yeux fichés en terre, il sentit quelqu'un qui lui tapait l'épaule, et se retournant il vit la petite-fille de la mère Fadet, qu'on appelait dans le pays la petite Fadette, autant pour ce que c'était son nom de famille que pour ce qu'on voulait qu'elle fût un peu sorcière aussi. Vous savez tous que le fadet ou le farfadet, qu'on d'autres endroits on appelle aussi le follet, est un lutin fort gentil, mais un peu malicieux. On appelle aussi fades les fées auxquelles, du côté de chez nous, on ne croit plus guère. Mais que cela voulût dire une petite fée, ou la femelle du lutin, chacun en la voyant s'imaginait voir le follet, tant elle était petite, maigre, ébouriffée et hardie. C'était un enfant très-causeur et très-moqueur, vif comme un papillon, curieux comme un rouge-gorge et noir comme un grelet.

Et quand je mets la petite Fadette en comparaison avec un grelet, c'est vous dire qu'elle n'était pas belle, car ce pauvre petit *cricri* des champs est encore plus laid que celui des cheminées. Pourtant, si vous vous souvenez d'avoir été enfant et d'avoir joué avec lui en le faisant enrager, et crier dans votre sabot, vous devez savoir qu'il a une petite figure qui n'est pas sotte, et qui donne plus envie de rire que de se fâcher : aussi les enfants de la Cosse, qui ne sont pas plus bêtes que d'autres, et qui, aussi bien que les autres, observent les ressemblances et trouvent les comparaisons, appelaient-ils la petite Fadette le *grelet*, quand ils voulaient la faire enrager, mêmement quelquefois par manière d'amitié ; car en la craignant un peu pour sa malice, ils ne la détestaient point, à cause qu'elle leur faisait toutes sortes de contes et leur apprenait toujours des jeux nouveaux qu'elle avait l'esprit d'inventer.

Mais tous ses noms et surnoms me feraient bien oublier celui qu'elle avait reçu au baptême et que vous auriez peut-être plus tard envie de savoir. Elle s'appelait Françoise ; c'est pourquoi sa grand'mère, qui n'aimait point à changer les noms, l'appelait toujours Fanchon.

Comme il y avait depuis longtemps une pique entre les gens de la Bessonnière et la mère Fadet, les bessons ne parlaient pas beaucoup à la petite Fadette, mêmement ils avaient comme un éloignement pour elle, et n'avaient jamais bien volontiers joué avec elle ni avec son petit frère, le *sauteriot*, qui était encore plus sec et plus malin qu'elle, et qui était toujours pendu à son côté, se fâchant quand elle courait sans l'attendre, essayant de lui jeter des pierres quand elle se moquait de lui, enrageant plus qu'il n'était gros, et la faisant enrager plus qu'elle ne voulait, car elle était d'humeur gaie et portée à rire de tout. Mais il y avait une telle idée sur le compte de la mère Fadet, que certains, et notamment ceux du père Barbeau, s'imaginaient que le *grelet* et le *sauteriot*, ou,

si vous l'aimez mieux, le grillon et la sauterelle, leur porteraient malheur s'ils faisaient amitié avec eux. Ça n'empêchait point ces deux enfants de leur parler, car ils n'étaient point honteux, et la petite Fadette ne manquait d'accoster les *bessons de la Bessonnière*, par toutes sortes de drôleries et de sornettes, du plus loin qu'elle les voyait venir de son côté.

IX.

Adoncques le pauvre Landry, en s'en retournant, un peu ennuyé du coup qu'il venait de recevoir à l'épaule, vit la petite Fadette, et, pas loin derrière elle, Jeanet le sauteriot, qui la suivait en clopant, vu qu'il était ébranché et mal jambé de naissance.

D'abord Landry voulut ne pas faire attention et continuer son chemin, car il n'était point en humeur de rire, mais la Fadette lui dit, en récidivant sur son autre épaule :

— Au loup ! au loup ! Le vilain besson, moitié de gars qui a perdu son autre moitié !

Là-dessus Landry, qui n'était pas plus en train d'être insulté que taquiné, se retourna derechef et allongea à la petite Fadette un coup de poing qu'elle eût bien senti si elle ne l'eût esquivé, car le besson allait sur ses quinze ans, et il n'était pas manchot : et elle, qui allait sur ses quatorze, était si menue et si petite, qu'on ne lui en eût pas donné douze, et qu'à la voir on eût cru qu'elle allait se casser, pour peu qu'on y touchât.

Mais elle était trop avisée et trop alerte pour attendre les coups, et ce qu'elle perdait en force dans les jeux de mains, elle le gagnait en vitesse et en traîtrise. Elle sauta de côté si à point, que pour bien peu Landry aurait été donner du poing et du nez dans un gros arbre qui se trouvait entre eux.

— Méchant grelet, lui dit alors le pauvre besson tout en colère, il faut que tu n'aies pas de cœur pour venir agacer un quelqu'un qui est dans la peine comme j'y suis. Il y a longtemps que tu veux m'émalicer en m'appelant moitié de garçon. J'ai bien envie aujourd'hui de vous casser en quatre, toi et ton vilain sauteriot, pour voir si, à vous deux, vous ferez le quart de quelque chose de bon.

— Oui-dà, le beau besson de la Bessonnière, seigneur de la Joncière au bord de la rivière, répondit la petite Fadette en ricanant toujours, vous êtes bien sot de vous mettre mal avec moi qui venais vous donner des nouvelles de votre besson et vous dire où vous le retrouverez.

— Ça, c'est différent, reprit Landry en s'apaisant bien vite ; si tu le sais, Fadette, dis-le-moi, et j'en serai content.

— Il n'y a pas plus de Fadette que de grelet pour avoir envie de vous contenter à cette heure, répliqua encore la petite fille. Vous m'avez dit des sottises, et vous m'auriez frappée si vous n'étiez si lourd et si pôtu. Cherchez-le donc tout seul, votre imbriaque de besson, puisque vous êtes si savant pour le retrouver.

— Je suis bien sot de t'écouter, méchante fille, dit alors Landry en lui tournant le dos et en se remettant à marcher. Tu ne sais pas plus que moi où est mon frère, et tu n'es pas plus savante là-dessus que ta grand'mère, qui est une vieille menteuse et une pas grand'chose.

Mais la petite Fadette, tirant par une patte son sauteriot, qui avait réussi à la rattraper et à se pendre à son mauvais jupon tout cendroux, se mit à suivre Landry, toujours ricanant et toujours lui disant que sans elle il ne retrouverait jamais son besson. Si bien que Landry, ne pouvant se débarrasser d'elle, et s'imaginant que, par quelque sorcellerie, sa grand'mère ou peut-être elle-même, par quelque accointance avec le follet de la rivière, l'empêcheraient de retrouver Sylvinet, prit son parti de tirer en sus de la Joncière et de s'en revenir à la maison.

La petite Fadette le suivit jusqu'au sautoir du pré, et là, quand il l'eut descendu, elle se percha comme une pie sur la barre, et lui cria : — Adieu donc, le beau besson sans cœur, qui laisse son frère derrière lui. Tu auras beau l'attendre pour souper, tu ne le verras pas d'aujourd'hui ni de demain non plus ; car là où il est, il ne bouge non plus qu'une pauvre pierre, et voilà l'orage qui vient. Il y aura des arbres dans la rivière encore cette nuit, et la rivière emportera Sylvinet si loin, si loin, que jamais plus tu ne le retrouveras.

Toutes ces mauvaises paroles, que Landry écoutait quasi malgré lui, lui firent passer la sueur froide par tout le corps. Il n'y croyait pas absolument, mais enfin la famille Fadet était réputée avoir tel entendement avec le diable, qu'on ne pouvait pas être bien assuré qu'il n'en fût rien.

— Allons, Fanchon, dit Landry en s'arrêtant, veux-tu, oui ou non, me laisser tranquille, ou me dire si, de vrai, tu sais quelque chose de mon frère?

— Et qu'est-ce que tu me donneras si, avant que la pluie ait commencé de tomber, je te le fais retrouver? dit la Fadette en se dressant debout sur la barre du sautoir, et en remuant les bras comme si elle voulait s'envoler.

Landry ne savait pas ce qu'il pouvait lui promettre, et il commençait à croire qu'elle voulait l'affiner pour lui tirer quelque argent. Mais le vent qui soufflait dans les arbres et le tonnerre qui commençait à gronder lui mettaient dans le sang comme une fièvre de peur. Ce n'est pas qu'il craignît l'orage, mais, de fait, cet orage-là était venu tout d'un coup et d'une manière qui ne lui paraissait pas naturelle. Possible est que, dans son tourment, Landry ne l'eût pas vu monter derrière les arbres de la rivière, d'autant plus que se tenant depuis deux heures dans le fond du Val, il n'avait pu voir le ciel que dans le moment où il avait gagné le haut. Mais, en fait, il ne s'était avisé de l'orage qu'au moment où la petite Fadette le lui avait annoncé; et, tout aussitôt, son jupon s'était enflé; ses vilains cheveux noirs sortant de sa coiffe, qu'elle avait toujours mal attachée, et quintant sur une oreille, s'étaient dressés comme des crins; le sauteriot avait eu sa casquette emportée par un grand coup de vent, et c'était à grand'peine que Landry avait pu empêcher son chapeau de s'envoler aussi.

Et puis le ciel, en deux minutes, était devenu tout noir, et la Fadette, debout sur la barre, lui paraissait deux fois plus grande qu'à l'ordinaire; enfin Landry avait peur, il faut bien le confesser.

— Fanchon, lui dit-il, je me rends à toi, si tu me rends mon frère. Tu l'as peut-être vu; tu sais peut-être bien où il est. Sois bonne fille. Je ne sais pas quel amusement tu peux trouver dans ma peine. Montre-moi ton bon cœur, et je croirai que tu vaux mieux que ton air et tes paroles.

— Et pourquoi serais-je bonne fille pour toi? reprit-elle, quand tu me traites de méchante sans que je t'aie jamais fait de mal! Pourquoi aurais-je bon cœur pour deux bessons qui sont fiers comme deux coqs, et qui ne m'ont jamais montré la plus petite amitié?

— Allons, Fadette, reprit Landry, tu veux que je te promette quelque chose, dis-moi vite de quoi tu as envie, et je te le donnerai. Veux-tu mon couteau neuf?

— Fais-le voir, dit la Fadette en sautant comme une grenouille à côté de lui.

Et quand elle eut vu le couteau, qui n'était pas vilain et que le parrain de Landry avait payé dix sous à la dernière foire, elle en fut tentée un moment; mais bientôt, trouvant que c'était trop peu, elle lui demanda s'il lui donnerait bien plutôt sa petite poule blanche, qui n'était pas plus grosse qu'un pigeon, et qui avait des plumes jusqu'au bout des doigts.

— Je ne peux pas te promettre ma poule blanche, parce qu'elle est à ma mère, répondit Landry; mais je te promets de la demander pour toi, et je répondrais que ma mère ne la refusera pas, parce qu'elle sera si contente de revoir Sylvinet, que rien ne lui coûtera pour te récompenser.

— Oui dà! reprit la petite Fadette, et si j'avais envie de votre chebril à nez noir, la mère Barbeau me le donnerait-elle aussi?

— Mon Dieu! mon Dieu! que tu es donc longue à te décider, Fanchon! Tiens, il n'y a qu'un mot qui serve: si mon frère est dans le danger et que tu me conduises tout de suite auprès de lui; il n'y a pas à notre logis de poule ni de poulette, de chèvre ni de chevrillon que mon père et ma mère, j'en suis très-certain, ne voulussent te donner en remercîment.

— Eh bien! nous verrons ça, Landry, dit la petite Fadette en tendant sa petite main sèche au besson, pour qu'il y mît la sienne en signe d'accord, ce qu'il ne fit pas sans trembler un peu, car, dans ce moment-là, elle avait des yeux si ardents qu'on eût dit le lutin en personne. Je ne te dirai pas à présent ce que je veux de toi, je ne le sais peut-être pas encore: mais souviens-toi bien de ce que tu me promets à cette heure, et si tu y manques, je ferai savoir à tout le monde qu'il n'y a pas de fiance à avoir dans la parole du besson Landry. Je te dis adieu ici, et n'oublie point que je ne te réclamerai rien jusqu'au jour où je me serai décidée à t'aller trouver pour te requérir d'une chose qui sera à mon commandement et que tu feras sans retard ni regret.

— A la bonne heure! Fadette, c'est promis, c'est signé, dit Landry en lui tapant dans la main.

— Allons! dit-elle d'un air tout fier et tout content, retourne de ce pas au bord de la rivière; descends-la jusqu'à ce que tu entendes bêler; et où tu verras un agneau bureau, tu verras aussitôt ton frère: si cela n'arrive pas comme je te le dis, je te tiens quitte de ta parole.

Là-dessus le grelet, prenant le sauteriot sous son bras, sans faire attention que la chose ne lui plaisait guère et qu'il se démenait comme une anguille, sauta tout au milieu des buissons, et Landry ne les vit et ne les entendit non plus que s'il avait rêvé. Il ne perdit point de temps à se demander si la petite Fadette s'était moquée de lui. Il courut d'une haleine jusqu'au bas de la Joncière; il la suivit jusqu'à la coupure, et là, il allait passer outre sans y descendre, parce qu'il avait assez questionné l'endroit pour être assuré que Sylvinet n'y était point; mais, comme il allait s'en éloigner, il entendit bêler un agneau.

— Dieu de mon âme, pensa-t-il, cette fille m'a annoncé la chose; j'entends l'agneau, mon frère est là. Mais s'il est mort ou vivant, je ne peux le savoir.

Et il sauta dans la coupure et entra dans les broussailles. Son frère n'y était point; mais, en suivant le fil de l'eau, à dix pas de là, et toujours entendant l'agneau bêler, Landry vit sur l'autre rive son frère assis, avec un petit agneau qu'il tenait dans sa blouse, et qui, pour le vrai, était bureau de couleur depuis le bout du nez jusqu'au bout de la queue.

Comme Sylvinet était bien vivant et ne paraissait gâté ni déchiré dans sa figure et dans son habillement, Landry fut si aise qu'il commença par remercier le bon Dieu dans son cœur, sans songer à lui demander pardon d'avoir eu recours à la science du diable pour avoir ce bonheur-là. Mais, au moment où il allait appeler Sylvinet, qui ne le voyait pas encore, et ne faisait pas mine de l'entendre, à cause du bruit de l'eau qui grouillait fort sur les cailloux en cet endroit, il s'arrêta à le regarder; car il était étonné de le trouver comme la petite Fadette le lui avait prédit, tout au milieu des arbres que le vent tourmentait furieusement, et ne bougeant non plus qu'une pierre.

Chacun sait pourtant qu'il y a danger à rester au bord de notre rivière quand le grand vent se lève. Toutes les rives sont minées en dessous, et il n'est point d'orage qui, dans la quantité, ne déracine quelques-uns de ces vergnes qui sont toujours courts en racines, à moins qu'ils ne soient très-gros et très-vieux, et qui vous tomberaient fort bien sur le corps sans vous avertir. Mais Sylvinet, qui n'était pourtant ni plus simple ni plus fou qu'un autre, ne paraissait pas tenir compte du danger. Il n'y pensait pas plus que s'il se fût trouvé à l'abri dans une bonne grange. Fatigué de courir tout le jour et de vaguer à l'aventure, si, par bonheur, il ne s'était pas noyé dans la rivière, on pouvait toujours bien dire qu'il s'était noyé dans son chagrin et dans son dépit, au point de rester là comme une souche, les yeux fixés sur le courant de l'eau, la figure aussi pâle qu'une fleur de nape[1], la bouche à demi ouverte comme un petit poisson qui bâille au soleil, les che-

1. Napée, Nymphæa, Nénuphar.

veux tout emmêlés par le vent, et ne faisant pas même
attention à son petit agneau, qu'il avait rencontré égaré
dans les prés, et dont il avait eu pitié. Il l'avait bien pris
dans sa blouse pour le rapporter à son logis ; mais, chemin faisant, il avait oublié de demander à qui l'agneau
perdu. Il l'avait là sur ses genoux, et le laissait crier sans
l'entendre, malgré que le pauvre petit lui faisait une voix
désolée et regardait tout autour de lui avec de gros yeux
clairs, étonné de ne pas être écouté de quelqu'un de son
espèce, et ne reconnaissant ni son pré, ni sa mère, ni son
étable, dans cet endroit tout ombragé et tout herbu, devant un gros courant d'eau qui, peut-être bien, lui faisait
grand'peur.

X.

Si Landry n'eût pas été séparé de Sylvinet par la rivière,
qui n'est large, dans tout son parcours, de plus de quatre
ou cinq mètres (comme on dit dans ces temps nouveaux),
mais qui est, par endroits, aussi creuse que large, il eût,
pour sûr, sauté sans plus de réflexion au cou de son
frère. Mais Sylvinet ne le voyant même pas, il eut le temps
de penser à la manière dont il l'éveillerait de sa rêvasserie, et dont, par persuasion, il le ramènerait à la maison ;
car si ce n'était pas l'idée de ce pauvre boudeur, il pouvait bien tirer d'un autre côté, et Landry n'aurait pas de
sitôt trouvé un gué ou une passerelle pour aller le rejoindre.

Landry ayant donc un peu songé en lui-même, se
demanda comment son père, qui avait de la raison et de
la prudence pour quatre, agirait en pareille rencontre ; et
il s'avisa bien à propos que le père Barbeau s'y prendrait
tout doucement et sans faire semblant de rien, pour ne
pas montrer à Sylvinet combien il avait causé d'angoisse,
et ne lui occasionner trop de repentir, ni l'encourager
trop à recommencer dans un autre jour de dépit.

Il se mit donc à siffler comme s'il appelait les merles
pour les faire chanter, ainsi que font les pâtours quand
ils suivent les buissons à la nuit tombante. Cela fit lever
la tête à Sylvinet, et, voyant son frère, il eut honte et se
leva vivement, croyant n'avoir pas été vu. Alors Landry
fit comme s'il l'apercevait, et lui dit sans beaucoup crier,
car la rivière ne chantait pas assez haut pour empêcher
de s'entendre :

— Hé ! mon Sylvinet, tu es donc là ? Je t'ai attendu
tout ce matin, et, voyant que tu étais sorti pour longtemps, je suis venu me promener par ici, en attendant
le souper où je comptais bien te retrouver à la maison ;
mais puisque te voilà, nous rentrerons ensemble. Nous
allons descendre la rivière, chacun sur une rive, et nous
nous joindrons au gué des Roulettes. (C'était le gué qui se
trouvait au droit de la maison à la mère Fadet.)

— Marchons, dit Sylvinet en ramassant son agneau,
qui, ne le connaissant pas depuis longtemps, ne le suivait
pas volontiers de lui-même ; et ils descendirent la rivière
sans trop oser se regarder l'un et l'autre, car ils craignaient
de se faire voir la peine qu'ils avaient d'être fâchés et le
plaisir qu'ils sentaient de se retrouver De temps en
temps, Landry, toujours pour paraître ne pas croire au
dépit de son frère, lui disait une parole ou deux, tout en
marchant. Il lui demanda d'abord où il avait pris ce petit
agneau bureau, et Sylvinet ne pouvait trop le dire, car il
ne voulait point avouer qu'il avait été bien loin et qu'il
ne savait pas même le nom des endroits où il avait passé.
Alors Landry, voyant son embarras, lui dit :

— Tu me conteras cela plus tard, car le vent est grand,
et il ne fait pas trop bon à être sous les arbres le long de
l'eau ; mais, par bonheur, voilà l'eau du ciel qui commence à tomber, et le vent ne tardera pas à tomber
aussi.

Et en lui-même, il se disait : — C'est pourtant vrai que
le greiet m'a prédit que je le retrouverais avant que la
pluie ait commencé. Pour sûr, cette fille-là en sait plus
long que nous.

Il ne se disait point qu'il avait passé un bon quart
d'heure à s'expliquer avec la mère Fadet, tandis qu'il la

priait et qu'elle refusait de l'écouter, et que la petite
Fadette, qu'il n'avait vue qu'en sortant de la maison, pouvait bien avoir vu Sylvinet pendant cette explication-là.
Enfin, l'idée lui en vint ; mais comment savait-elle si bien
de quoi il était en peine, lorsqu'elle l'avait accosté, puisqu'elle n'était point là du temps qu'il s'expliquait avec la
vieille ? Cette fois, l'idée ne lui vint pas qu'il avait déjà
demandé son frère à plusieurs personnes en venant à la
Joncière ; ou bien, que cette petite pouvait avoir
écouté la fin de son discours avec la grand'mère, en se
cachant comme elle faisait souvent pour connaître tout ce
qui pouvait contenter sa curiosité.

De son côté, le pauvre Sylvinet pensa aussi en lui-
même à la manière dont il expliquerait son mauvais com-
portement vis-à-vis de son frère et de sa mère, car il ne
s'était point attendu à la feinte de Landry, et il ne savait
quelle histoire lui faire, lui qui n'avait jamais rien caché de sa vie,
et qui n'avait jamais rien caché à son besson.

Aussi se trouva-t-il bien mal à l'aise en passant le
gué ; car il était venu jusque-là sans rien trouver pour se
sortir d'embarras.

Sitôt qu'il fut sur la rive, Landry l'embrassa ; et, malgré
lui, il le fit avec encore plus de cœur qu'il n'avait coutume ; mais il se retint de le questionner, car il vit bien
qu'il ne saurait que dire, et il le ramena à la maison, lui
parlant de toutes sortes de choses autres que celle qui
leur tenait à cœur à tous les deux. En passant devant la
maison de la mère Fadet, il regarda bien s'il verrait la
petite Fadette, et il se sentait une envie d'aller la remercier. Mais la porte était fermée et l'on n'entendait pas
d'autre bruit que la voix du sauteriot qui beuglait parce
que sa grand'mère l'avait fouaillé, ce qui lui arrivait tous
les soirs, qu'il l'eût mérité ou non.

Cela fit de la peine à Sylvinet, d'entendre pleurer ce
galopin, et il dit à son frère : — Voilà une vilaine maison
où l'on entend toujours des cris ou des coups. Je sais bien
qu'il n'y a rien de si mauvais et de si diversieux que ce
sauteriot ; et, quant au grelet, je n'en donnerais pas deux
sous. Mais ces enfants-là sont malheureux de n'avoir plus
ni père ni mère, et d'être dans la dépendance de cette
vieille charmeuse, qui est toujours en malice, et qui ne
leur passe rien.

— Ce n'est pas comme ça chez nous, répondit Landry.
Jamais nous n'avons reçu de père ni de mère le moindre
coup, et mêmement quand on nous grondait de nos malices d'enfant, c'était tant de douceur et d'honnêteté,
que les voisins ne l'entendaient point. Il y en a comme ça
qui sont trop heureux, et qui ne connaissent point leurs
avantages ; et pourtant, la petite Fadette, qui est l'enfant
le plus malheureux et le plus maltraité de la terre, rit
toujours et ne se plaint jamais de rien.

Sylvinet comprit le reproche et eut du regret de sa
faute. Il en avait déjà bien eu depuis le matin, et, vingt
fois, il avait eu envie de revenir ; mais la honte l'avait
retenu. Dans ce moment, son cœur grossit, et il pleura
sans rien dire ; mais son frère le prit par la main en lui
disant : — Voilà une rude pluie, mon Sylvinet ; allons-
nous-en d'un galop à la maison. Ils se mirent donc à courir, Landry essayant de faire rire Sylvinet, qui s'y efforçait pour le contenter.

Pourtant, au moment d'entrer dans la maison, Sylvinet avait envie de se cacher dans la grange, car il craignait que son père ne lui fît reproche. Mais le père Barbeau, qui ne prenait pas les choses tant au sérieux que sa
femme, se contenta de le plaisanter ; et la mère Barbeau,
à qui son mari avait fait sagement la leçon, essaya de lui
cacher le tourment qu'elle avait eu. Seulement, pendant
qu'elle s'occupait de faire sécher ses bessons devant un
bon feu et de leur donner à souper, Sylvinet vit bien
qu'elle avait pleuré, et, de temps en temps, elle le
regardait d'un air d'inquiétude et de chagrin. S'il avait
été seul avec elle, il lui aurait demandé pardon, et il l'aurait tant caressée qu'elle se fût consolée. Mais le père
n'aimait pas beaucoup toutes ces mijoteries, et Sylvinet
fut obligé d'aller au lit tout de suite après souper, sans
rien dire, car la fatigue le surmontait. Il n'avait rien

mangé de la journée; et, aussitôt qu'il eut avalé son souper, dont il avait grand besoin, il se sentit comme ivre, et force lui fut de se laisser déshabiller et coucher par son besson, qui resta à côté de lui, assis sur le bord de son lit, et lui tenant une main dans la sienne.

Quand il le vit bien endormi, Landry prit congé de ses parents et ne s'aperçut point que sa mère l'embrassait avec plus d'amour que les autres fois. Il croyait toujours qu'elle ne pouvait pas l'aimer autant que son frère, et il n'en était point jaloux, se disant qu'il était moins aimable et qu'il n'avait que la part qui lui était due. Il se soumettait à cela autant par respect pour sa mère que par amitié pour son besson, qui avait, plus que lui, besoin de caresses et de consolation.

Le lendemain, Sylvinet courut au lit de la mère Barbeau avant qu'elle fût levée, et, lui ouvrant son cœur, lui confessa son regret et sa honte. Il lui conta comme quoi il se trouvait bien malheureux depuis quelque temps, non plus tant à cause qu'il était séparé de Landry, que parce qu'il s'imaginait que Landry ne l'aimait point. Et quand sa mère le questionna sur cette injustice, il fut bien empêché de la motiver, car c'était en lui comme une maladie dont il ne se pouvait défendre. La mère le comprenait mieux qu'elle ne voulait en avoir l'air, parce que le cœur d'une femme est aisément pris de ces tourments-là, et elle-même s'était souvent ressentie de souffrir en voyant Landry si tranquille dans son courage et dans sa vertu. Mais, cette fois, elle reconnaissait que la jalousie est mauvaise dans tous les amours, même dans ceux que Dieu nous commande le plus, et elle se garda bien d'y encourager Sylvinet. Elle lui fit ressortir la peine qu'il avait causée à son frère, et la grande bonté que son frère avait eue de ne pas s'en plaindre ni s'en montrer choqué. Sylvinet le reconnut aussi et convint que son frère était meilleur chrétien que lui. Il fit promesse et forma résolution de se guérir, et sa volonté y était sincère.

Mais malgré lui, et bien qu'il prît un air consolé et satisfait, encore qne sa mère eût essuyé toutes ses larmes et répondu à toutes ses plaintes par des raisons très-fortifiantes, encore qu'il fît tout son possible pour agir simplement et justement avec son frère, il lui resta sur le cœur un levain d'amertume.—Mon frère, pensait-il malgré lui, est le plus chrétien et le plus juste de nous deux, ma chère mère le dit et c'est la vérité; mais s'il m'aimait aussi fort que je l'aime, il ne pourrait pas se soumettre comme il le fait. — Et il songeait à l'air tranquille et quasi indifférent que Landry avait eu en le retrouvant au bord de la rivière. Il se remémorait comme il l'avait entendu siffler aux merles en le cherchant, au moment où, lui, pensait véritablement à se jeter dans la rivière. Car s'il n'avait pas eu cette idée en quittant la maison, il l'avait eue plus d'une fois, vers le soir, croyant que son frère ne lui pardonnerait jamais de l'avoir boudé et évité pour la première fois de sa vie. — Si c'était lui qui m'eût fait cet affront, pensait-il, je ne m'en serais jamais consolé. Je suis bien content qu'il me l'ait pardonné, mais je pensais pourtant qu'il ne me le pardonnerait pas si aisément. — Et là-dessus, cet enfant malheureux soupirait tout en se combattant et se combattait tout en soupirant.

Pourtant, comme Dieu nous récompense et nous aide toujours, pour peu que nous ayons bonne intention de lui complaire, il arriva que Sylvinet fut plus raisonnable pendant le reste de l'année; qu'il s'abstint de quereller et de bouder son frère, qu'il l'aima enfin plus paisiblement, et que sa santé, qui avait souffert de toutes ces angoisses, se rétablit et se fortifia. Son père le fit travailler davantage, s'apercevant que moins il s'écoutait, mieux il s'en trouvait. Mais le travail qu'on fait chez ses parents n'est jamais aussi rude que celui qu'on a à commande chez les autres. Aussi Landry, qui ne s'épargnait guère, prit-il plus de force et plus de taille cette année-là que son besson. Les petites différences qu'on avait toujours observées entre eux devinrent plus marquantes, et, de leur esprit, passèrent sur leur figure. Landry, après qu'ils eurent compté quinze ans, devint tout à fait beau garçon, et Sylvinet resta un joli jeune homme, plus mince et moins couleuré que son frère. Aussi, on ne les prenait

plus jamais l'un pour l'autre, et, malgré qu'ils se ressemblaient toujours comme deux frères, on ne voyait plus du même coup qu'ils étaient bessons. Landry, qui était censé le cadet, étant né une heure après Sylvinet, paraissait à ceux qui les voyaient pour la première fois, l'aîné d'un an ou deux. Et cela augmentait l'amitié du père Barbeau, qui, à la vraie manière des gens de campagne, estimait la force et la taille avant tout.

XI.

Dans les premiers temps qui ensuivirent l'aventure de Landry avec la petite Fadette, ce garçon eut quelque souci de la promesse qu'il lui avait faite. Dans le moment où elle l'avait sauvé de son inquiétude, il se serait engagé pour ses père et mère à donner tout ce qu'il y avait de meilleur à la Bessonnière : mais quand il vit que le père Barbeau n'avait pas pris bien au sérieux la bouderie de Sylvinet et n'avait point montré d'inquiétude, il craignit bien que, lorsque la petite Fadette viendrait réclamer sa récompense, son père ne la mît à la porte en se moquant de sa belle science et de la belle parole que Landry lui avait donnée.

Cette peur-là rendait Landry tout honteux en lui-même, et à mesure que son chagrin s'était dissipé, il s'était jugé bien simple d'avoir cru voir de la sorcellerie dans ce qui lui était arrivé. Il ne tenait pas pour certain que la petite Fadette se fût gaussée de lui, mais il sentait bien qu'on pouvait avoir du doute là-dessus, et il ne trouvait pas de bonnes raisons à donner à son père pour lui prouver qu'il avait bien fait de prendre un engagement de si grosse conséquence; d'un autre côté, il ne voyait pas non plus comment il romprait un pareil engagement, car il avait juré sa foi et il l'avait fait en âme et conscience.

Mais, à son grand étonnement, ni le lendemain de l'affaire, ni dans le mois, ni dans la saison, il n'entendit parler de la petite Fadette à la Bessonnière ni à la Priche. Elle ne se présenta ni chez le père Caillaud pour demander à parler à Landry, ni chez le père Barbeau pour réclamer aucune chose, et lorsque Landry la vit au loin dans les champs, elle n'alla point de son côté et ne parut point faire attention à lui, ce qui était contre sa coutume, car elle courait après tout le monde, soit pour regarder par curiosité, soit pour rire, jouer et badiner avec ceux qui étaient de bonne humeur, soit pour tancer et railler ceux qui ne l'étaient point.

Mais la maison de la mère Fadet étant également voisine de la Priche et de la Cosse, il ne se pouvait faire qu'un jour ou l'autre, Landry ne se trouvât nez contre nez avec la petite Fadette dans un chemin; et, quand le chemin n'est pas large, c'est bien force de se donner une tape ou de se dire un mot en passant.

C'était un soir que la petite Fadette rentrait ses oies, ayant toujours son sauteriot sur ses talons; et Landry, qui avait été chercher les juments au pré, les ramenait tout tranquillement à la Priche; si bien qu'ils se croisèrent dans petit chemin qui descend de la Croix des bossons, au gué des Roulettes, et qui est si bien fondu entre deux encaissements, qu'il n'y est point moyen de s'éviter. Landry devint tout rouge, par la peur qu'il avait de s'entendre sommer de sa parole, et, ne voulant point encourager la Fadette, il sauta sur une des juments du plus loin qu'il la vit, et joua des sabots pour prendre le trot; mais comme toutes les juments avaient les enfarges aux pieds, celle qu'il avait enfourchée n'avança pas plus vite pour cela. Landry se voyant tout près de la petite Fadette, n'osa la regarder, et fit mine de se retourner, comme pour voir si les poulains le suivaient. Quand il regarda devant lui, la Fadette l'avait déjà dépassé, et elle ne lui avait rien dit; il ne savait même point si elle l'avait regardé, et si des yeux ou du rire elle l'avait sollicité de lui dire bonsoir. Il ne vit que Jeanet le sauteriot qui, toujours traversieux et méchant, ramassa une pierre pour la jeter dans les jambes de sa jument. Landry eut bonne envie de lui allonger un coup de fouet, mais il eut peur de s'arrêter et d'avoir explication avec la sœur. Il ne fit donc

C'était un soir que la petite Fadette rentrait ses oies (Page 15.)

pas mine de s'en apercevoir et s'en fut sans regarder derrière lui.

Toutes les autres fois que Landry rencontra la petite Fadette, ce fut à peu près de même. Peu à peu, il s'enhardit à la regarder ; car, à mesure que l'âge et la raison lui venaient, il ne s'inquiétait plus tant d'une si petite affaire. Mais lorsqu'il eut pris le courage de la regarder tranquillement, comme pour attendre n'importe quelle chose elle voudrait lui dire, il fut étonné de voir que cette fille faisait exprès de tourner la tête d'un autre côté, comme si elle eût eu de lui la même peur qu'il avait d'elle. Cela l'enhardit tout à fait vis-à-vis de lui-même, et, comme il avait le cœur juste, il se demanda s'il n'avait pas eu grand tort de ne jamais la remercier du plaisir que , soit par science, soit par hasard, elle lui avait causé. Il prit la résolution de l'aborder la première fois qu'il la verrait, et ce moment-là étant venu, il fit au moins dix pas de son côté pour commencer à lui dire bonjour et à causer avec elle.

Mais, comme il s'approchait, la petite Fadette prit un air fier et quasi fâché ; et se décidant enfin à le regarder, elle le fit d'une manière si méprisante, qu'il en fut tout démonté et n'osa point lui porter la parole.

Ce fut la dernière fois de l'année que Landry la rencontra de près, car à partir de ce jour-là, la petite Fadette, menée par je ne sais pas quelle fantaisie, l'évita si bien, que du plus loin qu'elle le voyait, elle tournait d'un autre côté, entrait dans un héritage, ou faisait un grand détour pour ne point le voir. Landry pensa qu'elle était fâchée de ce qu'il avait été ingrat envers elle ; mais sa répugnance était si grande qu'il ne sut se décider à rien tenter pour réparer son tort. La petite Fadette n'était pas un enfant comme un autre. Elle n'était pas ombrageuse de son naturel, et même, elle ne l'était pas assez, car elle aimait à provoquer les injures ou les moqueries, tant elle se sentait la langue bien affilée pour y répondre et avoir toujours le dernier et le plus piquant mot. On ne l'avait jamais vue bouder et on lui reprochait de manquer de la fierté qui convient à une fillette lorsqu'elle prend déjà quinze ans et commence à se ressentir d'être quelque chose. Elle avait toujours les allures d'un gamin, mêmement elle affectait de tourmenter souvent Sylvinet, de le déranger et de le pousser à bout, lorsqu'elle le surprenait dans les rêvasseries où il s'oubliait encore quelquefois. Elle le suivait toujours pendant un bout de chemin,

Et il fut tôt rassuré en sentant que la Fadette le conduisait si bien. (Page 19.)

lorsqu'elle le rencontrait ; se moquant de sa *bessonnerie*, et lui tourmentant le cœur en lui disant que Landry ne l'aimait point et se moquait de sa peine. Aussi le pauvre Sylvinet qui, encore plus que Landry, la croyait sorcière, s'étonnait-il qu'elle devinât ses pensées et la détestait bien cordialement. Il avait du mépris pour elle et pour sa famille, et, comme elle évitait Landry, il évitait ce méchant grelet, qui, disait-il, suivrait tôt ou tard l'exemple de sa mère, laquelle avait mené une mauvaise conduite, quitté son mari et finalement suivi les soldats. Elle était partie comme vivandière peu de temps après la naissance du sauteriot, et, depuis, on n'en avait jamais entendu parler. Le mari était mort de chagrin et de honte, et c'est comme cela que la vieille mère Fadet avait été obligée de se charger des deux enfants, qu'elle soignait fort mal, tant à cause de sa chicherie que de son âge avancé, qui ne lui permettait guère de les surveiller et de les tenir proprement.

Pour toutes ces raisons, Landry, qui n'était pourtant pas aussi fier que Sylvinet, se sentait du dégoût pour la petite Fadette, et, regrettant d'avoir eu des rapports avec elle, il se gardait bien de la faire connaître à personne. Il

le cacha même à son besson, ne voulant pas lui confesser l'inquiétude qu'il avait eue à son sujet ; et, de son côté, Sylvinet lui cacha toutes les méchancetés de la petite Fadette envers lui, ayant honte de dire qu'elle avait eu divination de sa jalousie.

Mais le temps se passait. A l'âge qu'avaient nos bessons, les semaines sont comme des mois et les mois comme des ans, pour le changement qu'ils amènent dans le corps et dans l'esprit. Bientôt Landry oublia son aventure, et, après s'être un peu tourmenté du souvenir de la Fadette, n'y pensa non plus que s'il en eût fait le rêve.

Il y avait déjà environ dix mois que Landry était entré à la Priche, et on approchait de la Saint-Jean, qui était l'époque de son engagement avec le père Caillaud. Ce brave homme était si content de lui qu'il était bien décidé à lui augmenter son gage plutôt que de le voir partir ; et Landry ne demandait pas mieux que de rester dans le voisinage de sa famille et de renouveler avec les gens de la Priche, qui lui convenaient beaucoup. Mêmement, il se sentait venir une petite amitié pour une nièce du père Caillaud qui s'appelait Madelon et qui était un beau brin de fille. Elle avait un an de plus que lui et le traitait encore un peu comme un enfant; mais cela diminuait de jour en jour, et, tandis qu'au commencement de l'année elle se moquait de lui lorsqu'il avait honte de l'embrasser aux jeux où à la danse, sur la fin, elle rougissait au lieu de le provoquer, elle ne restait plus seule avec lui dans l'étable ou dans le fenil. La Madelon n'était point pauvre, et un mariage entre eux eût bien pu s'arranger par la suite du temps. Les deux familles étaient bien famées et tenues en estime par tout le pays. Enfin, le père Caillaud, voyant ces deux enfants qui commençaient à se chercher et à se craindre, disait au père Barbeau que ça pourrait bien faire un beau couple, et qu'il n'y avait point de mal à leur laisser faire bonne et longue connaissance.

Il fut donc convenu, huit jours avant la Saint-Jean, que Landry resterait à la Priche, et Sylvinet chez ses parents; car la raison était assez bien revenue à celui-ci, et le père Barbeau ayant pris les fièvres, cet enfant savait se rendre très-utile au travail de ses terres. Sylvinet avait eu grand'peur d'être envoyé au loin, et cette crainte-là avait agi sur lui en bien; car, de plus en plus, il s'efforçait à vaincre l'excédant de son amitié pour Landry, ou du moins à ne point trop le laisser paraître. La paix et le contentement étaient donc revenus à la Bessonnière, quoique les bessons ne se vissent plus qu'une ou deux fois la semaine. La Saint-Jean fut pour eux un jour de bonheur; ils allèrent ensemble à la ville pour voir la loue des serviteurs de ville et de campagne, et la fête qui s'ensuit sur la grande place. Landry dansa plus d'une bourrée avec la belle Madelon; et Sylvinet, pour lui complaire, essaya de danser aussi. Il ne s'en tirait pas trop bien; mais la Madelon, qui lui témoignait beaucoup d'égards, le prenait par la main, en vis-à-vis, pour l'aider à marquer le pas; et Sylvinet, se trouvant ainsi avec son frère, promit d'apprendre à bien danser, afin de partager un plaisir où jusque-là il avait gêné Landry.

Il ne se sentait pas trop de jalousie contre Madelon, parce que Landry était encore sur la réserve avec elle. Et d'ailleurs, Madelon flattait et encourageait Sylvinet. Elle était sans gêne avec lui, et quelqu'un qui ne s'y connaîtrait pas aurait jugé que c'était celui des bessons qu'elle préférait. Landry eût pu en être jaloux, s'il n'eût été, par nature, ennemi de la jalousie; et peut-être un je ne sais quoi lui disait-il, malgré sa grande innocence, que Madelon n'agissait ainsi que pour lui faire plaisir et avoir occasion de se trouver plus souvent avec lui.

Toutes choses allèrent donc pour le mieux pendant environ trois mois, jusqu'au jour de la Saint-Andoche, qui est la fête patronale du bourg de la Cosse, et qui tombe aux derniers jours de septembre.

Ce jour-là, qui était toujours pour les deux bessons une grande et belle fête, parce qu'il y avait danse et jeux de toutes sortes sous les grands noyers de la paroisse, amena pour eux de nouvelles peines auxquelles ils ne s'attendaient mie.

Le père Caillaud ayant donné licence à Landry d'aller dès la veille coucher à la Bessonnière, afin de voir la fête sitôt le matin, Landry partit avant souper, bien content d'aller surprendre son besson qui ne l'attendait que le lendemain. C'est la saison où les jours commencent à être courts et où la nuit tombe vite. Landry n'avait jamais peur de rien en plein jour; mais il n'eût pas été de son âge et de son pays s'il avait aimé à se trouver seul la nuit sur les chemins, surtout dans l'automne, qui est une saison où les sorciers et les follets commencent à se donner du bon temps, à cause des brouillards qui les aident à cacher leurs malices et maléfices. Landry, qui avait coutume de sortir seul à toute heure pour mener ou rentrer ses bœufs, n'avait pas précisément grand souci, ce soir-là, plus qu'un autre soir; mais il marchait vite et chantait fort, comme on fait toujours quand le temps est noir, car on sait que le chant de l'homme dérange et écarte les mauvaises bêtes et les mauvaises gens.

Quand il fut au droit du gué des Roulettes, qu'on appelle de cette manière à cause des cailloux ronds qui s'y trouvent en grande quantité, il releva un peu les jambes de son pantalon; car il pouvait y avoir de l'eau jusqu'au-dessus de la cheville du pied, et il fit bien attention à ne

pas marcher devant lui, parce que le gué est étalé en biaisant, et qu'à droite comme à gauche il y a de mauvais trous. Landry connaissait si bien le gué qu'il ne pouvait guère s'y tromper. D'ailleurs on voyait de là, à travers les arbres qui étaient plus d'à moitié dépouillés de feuilles, la petite clarté qui sortait de la maison de la mère Fadet; et en regardant cette clarté, pour peu qu'on marchât dans la direction, il n'y avait point chance de faire mauvaise route.

Il faisait si noir sous les arbres, que Landry tâta pourtant le gué avec son bâton avant d'y entrer. Il fut étonné de trouver l'eau plus haute que de coutume, d'autant plus qu'il entendait le bruit des écluses qu'on avait ouvertes depuis une bonne heure. Pourtant, comme il voyait bien la lumière de la croisée à la Fadette, il se risqua. Mais, au bout de deux pas, il avait de l'eau plus haut que le genou et il se retira, jugeant qu'il s'était trompé. Il essaya un peu plus haut et un peu plus bas, et, là comme là, il trouva le creux encore davantage. Il n'avait pas tombé de pluie, les écluses grondaient toujours : la chose était donc bien surprenante.

XII.

— Il faut, pensa Landry, que j'aie pris le faux chemin de la charrière, car, pour le coup, je vois à ma droite la chandelle de la Fadette, qui devrait être sur ma gauche. Il remonta le chemin jusqu'à la Croix-au-Lièvre, et il en fit le tour les yeux fermés pour se désorienter; et quand il eut bien remarqué les arbres et les buissons autour de lui, il se trouva dans le bon chemin et revint jouxte à la rivière. Mais bien que le gué lui parût commode, il n'osa point y faire plus de trois pas, pour ce qu'il vit tout d'un coup, presque derrière lui, la clarté de la maison Fadette, qui aurait dû être juste en face. Il revint à la rive, et cette clarté lui parut être alors comme elle devait se trouver. Il reprit le gué en biaisant dans un autre sens, et, cette fois, il eut de l'eau presque jusqu'à la ceinture. Il avançait toujours cependant, augurant qu'il avait rencontré un trou, mais qu'il allait en sortir en marchant vers la lumière.

Il fit bien de s'arrêter, car le trou se creusait toujours, et il en avait jusqu'aux épaules. L'eau était bien froide, et il resta un moment à se demander s'il reviendrait sur ses pas; car la lumière lui paraissait avoir changé de place, et mêmement il la vit remuer, courir, sautiller, repasser d'une rive à l'autre, et, finalement se montrer double en se mirant dans l'eau, où elle se tenait comme un oiseau qui se balance sur ses ailes, et en faisant entendre un petit bruit de grésillement comme ferait une pétrole de résine.

Cette fois Landry eut peur et faillit perdre la tête, et il avait ouï dire qu'il n'y a rien de plus abusif et de plus méchant que ce feu-là; qu'il se faisait un jeu d'égarer ceux qui le regardent et de les conduire au plus creux des eaux, tout en riant à sa manière et en se moquant de leur angoisse.

Landry ferma les yeux pour ne point le voir, et se retournant vivement, il sortit du trou, et se retrouva au rivage. Il se jeta alors sur l'herbe, et regarda le follet qui poursuivait sa danse et son rire. C'était vraiment une vilaine chose à voir. Tantôt il filait comme un martin-pêcheur, et tantôt il disparaissait tout à fait. Et, d'autres fois, il devenait gros comme la tête d'un bœuf, et tout aussitôt menu comme un œil de chat; et il accourait auprès de Landry, tournait autour de lui si vite, qu'il en était ébloui; et enfin, voyant qu'il ne voulait pas le suivre, il s'en retournait frétiller dans les roseaux, où il avait l'air de se fâcher et de lui dire des insolences.

Landry n'osait point bouger, car de retourner sur ses pas n'était pas le moyen de faire fuir le follet. On sait qu'il s'obstine à courir après ceux qui courent, et se met en travers de leur chemin jusqu'à ce qu'il les ait rendus fous et fait tomber dans quelque mauvaise passe. Il grelottait de peur et de froid, lorsqu'il entendit derrière lui une petite voix très-douce qui chantait :

> Fadet, fadet, petit fadet,
> Prends ta chandelle et ton cornet ;
> J'ai pris ma cape et mon capet ;
> Toute follette a son follet.

Et tout aussitôt la petite Fadette, qui s'apprêtait gaiement à passer l'eau sans montrer crainte ni étonnement du feu follet, heurta contre Landry, qui était assis par terre dans la brune, et se retira en jurant ni plus ni moins qu'un garçon, et des mieux appris.

—C'est moi, Fanchon, dit Landry en se relevant, n'aie pas peur. Je ne te suis pas ennemi.

Il parlait comme cela parce qu'il avait peur d'elle presque autant que du follet. Il avait entendu sa chanson, et voyait bien qu'elle faisait une conjuration au feu follet, lequel dansait et se tortillait comme un fou devant elle et comme s'il eût été aise de la voir.

— Je vois bien, beau besson, dit alors la petite Fadette après qu'elle se fut consultée un peu, que tu me flattes, parce que tu es moitié mort de peur, et que la voix te tremble dans le gosier ni plus ni moins qu'à ma grand'mère. Allons, pauvre cœur, la nuit on n'est pas si fier que le jour, et je gage que tu n'oses passer l'eau sans moi.

— Ma foi, j'en sors, dit Landry, et j'ai manqué de m'y noyer. Est-ce que tu vas t'y risquer, Fadette ? Tu ne crains pas de perdre le gué ?

— Eh ! pourquoi le perdrais-je ? Mais je vois bien ce qui t'inquiète, répondit la petite Fadette en riant. Allons, donne-moi la main, poltron ; le follet n'est pas si méchant que tu crois, et il ne fait de mal qu'à ceux qui s'en épeurent. J'ai coutume de le voir, moi, et nous nous connaissons.

Là-dessus, avec plus de force que Landry n'eût supposé qu'elle en avait, elle le tira par le bras et l'amena dans le gué en courant et en chantant :

> J'ai pris ma cape et mon capet,
> Toute fadette a son fadet.

Landry n'était guère plus à son aise dans la société de la petite sorcière que dans celle du follet. Cependant, comme il aimait mieux voir le diable sous l'apparence d'un être de sa propre espèce que sous celle d'un feu si sournois et si fugace, il ne fit pas de résistance, et il fut tôt rassuré en sentant que la Fadette le conduisait si bien, qu'il marchait à sec sur les cailloux. Mais comme ils marchaient vite tous deux et qu'ils ouvraient un courant d'air au feu follet, ils étaient toujours suivis de ce météore, comme l'appelle le maître d'école, de chez nous, qui en sait long sur cette chose-là, et qui assure qu'on n'en doit avoir nulle crainte.

XIII.

Peut-être que la mère Fadet avait aussi de la connaissance là-dessus, et qu'elle avait enseigné à sa petite-fille à ne rien redouter de ces feux de nuit ; ou bien, à force d'en voir, car il y en avait souvent aux environs du gué des Roulettes, et c'était un grand hasard que Landry n'en eût point encore vu de près, peut-être la petite s'était-elle fait une idée que l'esprit qui les soufflait n'était point méchant et ne lui voulait que du bien. Sentant Landry qui tremblait de tout son corps à mesure que le follet s'approchait d'eux :

— Innocent, lui dit-elle, ce feu-là ne brûle point, et si tu étais assez subtil pour le manier, tu verrais qu'il ne laisse pas seulement sa marque.

— C'est encore pis, pensa Landry ; du feu qui ne brûle pas, on sait ce que c'est : ça ne peut pas venir de Dieu, car le feu du bon Dieu est fait pour chauffer et brûler.

Mais il ne fit pas connaître sa pensée à la petite Fadette, et quand il se vit sain et sauf à la rive, il eut grande envie de la planter là et de s'ensauver à la Bessonnière. Mais il n'avait point le cœur ingrat, et il ne voulut point la quitter sans la remercier.

— Voilà la seconde fois que tu me rends service, Fanchon Fadet, lui dit-il, et je ne vaudrais rien si je ne te disais pas que je m'en souviendrai toute ma vie. J'étais là comme fou quand tu m'as trouvé ; le follet m'avait vanné et charmé. Jamais je n'aurais passé la rivière, ou bien je n'en serais jamais sorti.

— Peut-être bien que tu l'aurais passée sans peine ni danger si tu n'étais pas si sot, répondit la Fadette ; je n'aurais jamais cru qu'un grand gars comme toi, qui est dans ses dix-sept ans, et qui ne tardera pas à avoir de la barbe au menton, fût si aisé à épeurer, et je suis contente de te voir comme cela.

— Et pourquoi en êtes-vous contente, Fanchon Fadet ?

— Parce que je ne vous aime point, lui dit-elle d'un ton méprisant.

— Et pourquoi est-ce encore que vous ne m'aimez point ?

— Parce que je ne vous estime point, répondit-elle ; ni vous, ni votre besson, ni vos père et mère, qui sont fiers parce qu'ils sont riches, et qui croient qu'on ne fait que son devoir en leur rendant service. Ils vous ont appris à être ingrat, Landry, et c'est le plus vilain défaut pour un homme, après celui d'être peureux.

Landry se sentit bien humilié des reproches de cette petite fille, car il reconnaissait qu'ils n'étaient pas tout à fait injustes, et il lui répondit :

— Si je suis fautif, Fadette, ne l'imputez qu'à moi. Ni mon frère, ni mon père, ni ma mère, ni personne chez vous n'a eu connaissance du secours que vous m'avez déjà une fois donné. Mais pour cette fois-ci, ils le sauront, et vous aurez une récompense telle que vous la désirerez.

— Ah ! vous voilà bien orgueilleux, reprit la petite Fadette, parce que vous vous imaginez qu'avec vos présents vous pouvez être quitte envers moi. Vous croyez que je suis pareille à ma grand'mère, qui, pourvu qu'on lui baille quelque argent, supporte les malhonnêtetés et les insolences du monde. Eh bien, moi je n'ai besoin ni envie de vos dons, et je méprise tout ce qui viendrait de vous, puisque vous n'avez pas eu le cœur de trouver un pauvre mot de remerciement et d'amitié à me dire depuis tantôt un an que je vous ai guéri d'une grosse peine.

— Je suis fautif, je l'ai confessé, Fadette, dit Landry, qui ne pouvait s'empêcher d'être étonné de la manière dont il l'entendait raisonner pour la première fois. Mais c'est qu'aussi il y a un peu de la faute. Ce n'était pas bien sorcier de me faire retrouver mon frère, puisque tu venais sans doute de le voir pendant que je m'expliquais avec ta grand'mère ; et si tu avais vraiment le cœur bon, toi qui me reproches de ne l'avoir point, au lieu de me faire souffrir et attendre, et au lieu de me faire donner une parole qui pouvait me mener loin, tu m'aurais dit tout de suite : « Dévale le pré, et tu le verras au rivet de l'eau. » Cela ne m'aurait rien coûté beaucoup, au lieu que tu t'es fait un vilain jeu de ma peine ; et voilà ce qui a mandré le prix du service que tu m'as rendu.

La petite Fadette, qui avait pourtant la repartie prompte, resta pensive un moment. Puis elle dit :

— Je vois bien que tu as fait ton possible pour écarter la reconnaissance de ton cœur, et pour t'imaginer que tu ne m'en devais point, à cause de la récompense que je m'étais fait promettre. Mais, encore un coup, il est dur et mauvais, ton cœur, puisqu'il ne t'a point fait observer que je ne réclamais rien de toi, et que je ne te faisais pas même reproche de ton ingratitude.

— C'est vrai, ça, Fanchon, dit Landry qui était la bonne foi même ; je suis dans mon tort, je l'ai senti, j'en ai eu de la honte ; j'aurais dû te parler ; j'en ai eu l'intention, mais tu m'as fait une mine si courroucée que je n'ai point su m'y prendre.

— Et si vous étiez venu le lendemain de l'affaire me dire une parole d'amitié, vous ne m'auriez point trouvée courroucée ; vous auriez su tout de suite que je ne voulais point de paiement, et nous serions amis : au lieu qu'à cette heure, j'ai mauvaise opinion de vous, et j'aurais dû vous laisser débrouiller avec le follet comme vous auriez pu. Bonsoir, Landry de la Bessonnière ; allez sécher vos habits ; allez dire à vos parents : « Sans ce petit guenillon de grelet, j'aurais, ma foi, bu un bon coup, ce soir, dans la rivière. »

Parlant ainsi, la petite Fadette lui tourna le dos, et marcha du côté de sa maison en chantant :

> Prends ta leçon et ton paquet,
> Landry Barbeau le bessonnet.

A cette fois, Landry sentit comme un grand repentir dans son âme, non qu'il fût disposé à aucune sorte d'amitié pour une fille qui paraissait avoir plus d'esprit que de bonté, et dont les vilaines manières ne plaisaient point, même à ceux qui s'en amusaient. Mais il avait le cœur haut et ne voulait point garder un tort sur sa conscience. Il courut après elle, et la rattrapant par sa cape :

— Voyons, Fanchon Fadet, lui dit-il, il faut que cette affaire-là s'arrange et se finisse entre nous. Tu es mécontente de moi, et je ne suis pas bien content de moi-même. Il faut que tu me dises ce que tu souhaites, et pas plus tard que demain je te l'apporterai.

— Je souhaite ne jamais te voir, répondit la Fadette très-durement; et n'importe quelle chose tu m'apporteras, tu peux bien compter que je te la jetterai au nez.

— Voilà des paroles trop rudes pour quelqu'un qui vous offre réparation. Si tu ne veux point de cadeau, et il y a peut-être moyen de te rendre service et de te montrer par là qu'on te veut du bien et non pas du mal. Allons, dis-moi ce que j'ai à faire pour te contenter.

— Vous ne sauriez donc me demander pardon et souhaiter mon amitié? dit la Fadette en s'arrêtant.

— Pardon, c'est beaucoup demander, répondit Landry, qui ne pouvait vaincre sa hauteur à l'endroit d'une fille qui n'était point considérée en proportion de l'âge qu'elle commençait à avoir, et qu'elle ne se portait pas toujours aussi raisonnablement qu'elle l'aurait dû; quant à ton amitié, Fadette, tu es si drôlement bâtie dans ton esprit, que je ne saurais y avoir grand'fiance. Demande-moi donc une chose qui puisse se donner tout de suite, et que je ne suis pas obligé de te reprendre.

— Eh bien, dit la Fadette d'une voix claire et sèche, il en sera comme vous le souhaitez, Landry. Je vous ai offert votre pardon, et vous n'en voulez point. A présent je vous réclame ce que vous m'avez promis, qui est d'obéir à mon commandement, le jour où vous en serez requis. Ce jour-là, ce ne sera pas plus tard que demain à la Saint-Andoche, et voici ce que je veux : Vous me ferez danser trois bourrées après la messe, deux bourrées après vêpres, et encore deux bourrées après l'Angélus, ce qui fera sept. Et dans toute votre journée, depuis que vous serez levé jusqu'à ce que vous soyez couché, vous ne danserez aucune autre bourrée avec n'importe qui, fille ou femme. Si vous ne le faites, je saurai que vous avez trois choses bien laides en vous : l'ingratitude, la peur et le manque de parole. Bonsoir, je vous attends demain pour ouvrir la danse, à la porte de l'église.

Et la petite Fadette, que Landry avait suivie jusqu'à sa maison, tira la corillette et entra si vite que la porte fut poussée et recorillée avant que le besson eût pu répondre un mot.

XIV.

Landry trouva d'abord l'idée de la Fadette si drôle qu'il pensa à en rire plus qu'à s'en fâcher. — Voilà, se dit-il, une fille plus folle que méchante, et plus désintéressée qu'on ne croirait, car son payement ne ruinera pas ma famille. — Mais, en y songeant, il trouva l'acquit de sa dette plus dur que la chose ne semblait. La petite Fadette dansait très-bien; il l'avait vue gambiller dans les champs ou sur le bord des chemins, avec les pâtours, et elle s'y démenait comme un petit diable, si vivement qu'on avait peine à la suivre en mesure. Mais elle était si peu belle et si mal attifée, même les dimanches, qu'aucun garçon de l'âge de Landry ne l'eût fait danser, surtout devant du monde. C'est tout au plus si les porchers et les gars qui n'avaient point encore fait leur pre-

mière communion la trouvaient digne d'être invitée, et les belles de campagne n'aimaient point à l'avoir dans leur danse. Landry se sentit donc tout à fait humilié d'être voué à une pareille danseuse; et quand il se souvint qu'il s'était fait promettre au moins trois bourrées par la belle Madelon, il se demanda comment elle prendrait l'affront qu'il serait forcé de lui faire en ne les réclamant point.

Comme il avait froid et faim, et qu'il craignait toujours de voir le follet se mettre après lui, il marcha vite sans trop songer et sans regarder derrière lui. Dès qu'il fut rendu, il se sécha et conta qu'il n'avait point vu le gué à cause de la grand'nuit, et qu'il avait eu de la peine à sortir de l'eau; mais il eut honte de confesser la peur qu'il avait eue, et il ne parla ni du feu follet ni de la petite Fadette. Il se coucha en se disant que ce serait bien assez tôt le lendemain pour se tourmenter de la conséquence de cette mauvaise rencontre; mais quoi qu'il fît, il ne put dormir que très-mal. Il fit plus de cinquante rêves, où il vit la petite Fadette à califourchon sur le fadet, qui était fait comme un grand coq rouge et qui tenait, dans une de ses pattes, une lanterne de corne avec une chandelle dedans, dont les rayons s'étendaient sur toute la joncière. Et alors la petite Fadette se changeait en un grelet gros comme une chèvre, et elle lui criait, en voix de grelet, une chanson qu'il ne pouvait comprendre, mais où il entendait toujours des mots sur le même rime : grelet, fadet, cornet, capet, follet, bessonnet, Sylvinet. Il en avait la tête cassée, et la clarté du follet lui semblait si vive et si prompte que, quand il s'éveilla, il en avait encore les orblutes, qui sont petites boules noires, rouges ou bleues, lesquelles nous semblent être devant nos yeux, quand nous avons regardé avec trop d'assurance les orbes du soleil ou de la lune.

Landry fut si fatigué de cette mauvaise nuit qu'il s'endormait tout le long de la messe, et mêmement il n'entendit pas une parole du sermon de M. le curé, qui, pourtant, loua et magnifia on ne peut mieux les vertus et propriétés du bon saint Andoche. En sortant de l'église, Landry était si chargé de langueur qu'il avait oublié la Fadette. Elle était pourtant devant le porche, tout auprès de la belle Madelon, qui se tenait là, bien sûre que la première invitation serait pour elle. Mais quand il s'approcha pour lui parler, il lui fallut bien voir le grelet qui fit un pas en avant et lui dit bien haut avec une hardiesse sans pareille :

— Allons, Landry, tu m'as invitée hier soir pour la première danse, et je compte que nous allons n'y pas manquer.

Landry devint rouge comme le feu, et voyant Madelon devenir rouge aussi, pour le grand étonnement et le grand dépit qu'elle avait d'une pareille aventure, il prit courage contre la petite Fadette.

— C'est possible que je t'aie promis de te faire danser, grelet, lui dit-il; mais j'avais prié une autre auparavant, et ton tour viendra après que j'aurai tenu mon premier engagement.

— Non pas, repartit la Fadette avec assurance. Ta souvenance te fait défaut, Landry; tu n'as promis à personne avant moi, puisque la parole que je te réclame est de l'an dernier, et que tu n'as fait que me la renouveler hier soir. Si la Madelon a envie de danser avec toi aujourd'hui, voici ton besson qui est tout pareil à toi et qu'elle prendra à ta place. L'un vaut l'autre.

— Le grelet a raison, répondit la Madelon avec fierté en prenant la main de Sylvinet; puisque vous avez fait une promesse si ancienne, il faut la tenir, Landry. J'aime bien autant danser avec votre frère.

— Oui, oui, c'est la même chose, dit Sylvinet tout naïvement. Nous danserons tous les quatre.

Il fallut bien en passer par là pour ne pas attirer l'attention du monde, et le grelet commença à sautiller avec tant d'orgueil et de prestesse, que jamais bourrée ne fut mieux marquée ni mieux enlevée. Si elle eût été pimpante et gentille, elle eût fait plaisir à voir, car elle dansait par merveille, et il n'y avait pas une belle qui n'eût voulu avoir sa légèreté et son aplomb; mais la pauvre grelet était si mal habillé, qu'il en paraissait dix fois plus laid que de coutume. Landry, qui n'osait plus regarder Madelon, tant il était chagriné et humilié vis-à-vis d'elle, regarda sa danseuse, et la trouva beaucoup plus vilaine que dans ses guenilles de tous les jours; elle avait cru se faire belle, et son dressage était bon pour faire rire.

Elle avait une coiffe toute jaunie par le renfermé, qui, au lieu d'être petite et bien retroussée par derrière, selon la nouvelle mode du pays, montrait de chaque côté de sa tête deux grands oreillons bien larges et bien plats; et, sur le derrière de sa tête, la cayenne retombait jusque sur son cou, ce qui lui donnait l'air de sa grand'mère et lui faisait une tête large comme un boisseau sur un petit cou mince comme un bâton. Son cotillon de droguet était trop court de deux mains; et, comme elle avait grandi beaucoup dans l'année, ses bras maigres, tout mordus par le soleil, sortaient de ses manches comme deux pattes d'aranelle. Elle avait cependant un tablier d'incarnat dont elle était bien fière, mais qui lui venait de sa mère, et dont elle n'avait point songé à retirer la bavousette, que, depuis plus de dix ans, les jeunesses ne portent plus. Car elle n'était point de celles qui sont trop coquettes, la pauvre fille, elle ne l'était pas assez, et vivait comme un garçon, sans souci de sa figure, et n'aimant que le jeu et la risée. Aussi avait-elle l'air d'une vieille endimanchée, et on la méprisait pour sa mauvaise tenue, qui n'était point commandée par la misère, mais par l'avarice de sa grand'mère, et le manque de goût de la petite-fille.

XV.

Sylvinet trouvait étrange que son besson eût pris fantaisie de cette Fadette, que, pour son compte, il aimait encore moins que Landry ne faisait. Landry ne savait comment expliquer la chose, et il aurait voulu se cacher sous terre. La Madelon était bien malcontente, et malgré l'entrain que la petite Fadette forçait leurs jambes de prendre, leurs figures étaient si tristes qu'on eût dit qu'ils portaient le diable en terre.

Aussitôt la fin de la première danse, Landry s'esquiva et alla se cacher dans son ouche. Mais, au bout d'un instant, la petite Fadette, escortée du sauteriot, qui, pour ce qu'il avait une plume de paon et un gland de faux or à sa casquette, était plus rageur et plus braillard que de coutume, vint bientôt le relancer, amenant une bande de drôlesses plus jeunes qu'elle, car celles de son âge ne la fréquentaient guère. Quand Landry la vit avec toute cette volaille, qu'elle comptait prendre à témoin, en cas de refus, il se soumit et la conduisit sous les enyers où il aurait bien voulu trouver un coin pour danser avec elle sans être remarqué. Par bonheur pour lui, ni Madelon, ni Sylvinet n'étaient de ce côté-là, ni les gens de l'endroit; et il voulut profiter de l'occasion pour remplir sa tâche et danser la troisième bourrée avec la Fadette. Il n'y avait autour d'eux que des étrangers qui n'y firent pas grande attention.

Sitôt qu'il eut fini, il courut chercher Madelon pour l'inviter à venir sous la ramée manger de la fromentée avec lui. Mais elle dansait avec d'autres qui lui avaient fait promettre de se laisser régaler, et elle le refusa un peu fièrement. Puis, voyant qu'il se tenait dans un coin avec des yeux tout remplis de larmes, car le dépit et la fierté la rendaient plus jolie fille que jamais elle ne lui avait semblé, et l'on eût dit que tout le monde en faisait la remarque, elle mangea vite, se leva de table et dit tout haut: « Voilà les vêpres qui sonnent; avec qui vais-je danser après? » Elle s'était tournée du côté de Landry, comptant qu'il dirait bien vite: « Avec moi! » Mais, avant qu'il eût pu desserrer les dents, d'autres s'étaient offerts, et la Madelon, sans daigner lui envoyer un regard de reproche ou de pitié, s'en alla à vêpres avec ses nouveaux galants.

Du plus vite que les vêpres furent chantées, la Madelon partit avec Pierre Aubardeau, suivie de Jean Aladenise, et d'Etienne Alaphilippe, qui tous trois la firent danser l'un après l'autre, car elle n'en pouvait manquer,

étant belle fille et non sans avoir. Landry la regardait du coin de l'œil, et la petite Fadette était restée dans l'église, disant de longues prières après les autres; et elle faisait ainsi tous les dimanches, soit par grande dévotion selon les uns, soit, selon d'autres, pour mieux cacher son jeu avec le diable.

Landry fut bien peiné de voir que la Madelon ne montrait aucun souci de lui comme une fraise, et qu'elle était rouge de plaisir comme une fraise, et qu'elle se consolait très-bien de l'affront qu'il s'était vu forcé de lui faire. Il s'avisa alors de ce qui ne lui était pas encore venu à l'idée, à savoir, qu'elle pouvait bien se ressentir d'un peu beaucoup de coquetterie, et que, dans tous les cas, elle n'avait pas pour lui grande attache, puisqu'elle s'amusait si bien sans lui.

Il est vrai qu'il se savait dans son tort, du moins par apparence; mais elle l'avait vu bien chagriné sous la ramée, et elle aurait pu deviner qu'il y avait là-dessous quelque chose qu'il aurait voulu pouvoir lui expliquer. Elle ne s'en souciait mie pourtant, et elle était gaie comme un biquet, quand son cœur, à lui, se fendait de chagrin.

Quand elle eut contenté ses trois danseurs, Landry s'approcha d'elle, désirant lui parler en secret et se justifier de son mieux. Il ne savait comment s'y prendre pour l'emmener à l'écart, car il était encore dans l'âge où l'on n'a guère de courage avec les femmes; aussi ne put-il trouver aucune parole à propos et la prit-il par la main pour s'en faire suivre; mais elle lui dit d'un air moitié dépit, moitié pardon:

—Oui-dà, Landry, tu viens donc me faire danser à la fin?

—Non pas danser, répondit-il, car il ne savait pas feindre et n'avait plus l'idée de manquer à sa parole; mais vous dire quelque chose que vous ne pouvez pas refuser d'entendre.

—Oh! si tu as un secret à me dire, Landry, ce sera pour une autre fois, répondit Madelon en lui retirant sa main. C'est aujourd'hui le jour de danser et de se divertir. Je ne suis pas encore à bout de mes jambes, et puisque le grelet a usé les tiennes, va te coucher si tu veux, moi je reste.

Là-dessus elle accepta l'offre de Germain Audoux qui venait pour la faire danser. Et comme elle tournait le dos à Landry, Landry entendit Germain Audoux qui lui disait, en parlant de lui: — Voilà un gars qui paraissait bien croire que cette bourrée-là lui reviendrait.

—Peut-être bien, dit Madelon en hochant la tête, mais ce ne sera pas encore pour son nez!

Landry fut grandement choqué de cette parole, et resta auprès de la danse pour observer toutes les allures de la Madelon, qui n'étaient point malhonnêtes, mais si fières et de telle nargue, qu'il s'en dépita; et quand elle revint de son côté, comme il la regardait avec des yeux qui se moquaient un peu d'elle, elle lui dit par bravade: — Eh bien donc, Landry, tu ne peux trouver une danseuse, aujourd'hui. Tu seras, ma fine, obligé de retourner au grelet!

—Et j'y retournerai de bon cœur, répondit Landry; car si ce n'est la plus belle de la fête, c'est toujours celle qui danse le mieux.

Là-dessus, il s'en fut aux alentours de l'église pour chercher la petite Fadette, et il la ramena dans la danse, tout en face de la Madelon, et il y dansa deux bourrées sans quitter la place. Il fallait voir comme le grelet était fier et content! Elle ne cachait point son aise, faisait reluire ses coquins d'yeux noirs, et relevait sa petite tête et sa grosse coiffe comme une poule huppée.

Mais, par malheur, son triomphe donna du dépit à cinq ou six gamins qui la faisaient danser à l'habitude, et qui, ne pouvant plus en approcher, eux qui n'avaient jamais été fiers avec elle, et qui l'estimaient beaucoup pour sa danse, se mirent à la critiquer, à lui reprocher sa fierté et à chercher autour d'elle: — Voyez donc la grelette qui croit charmer Landry Barbeau! grelette, sautiote, farfadette, chat grillé, grillette, rålette,—et autres sornettes à la manière de l'endroit.

XVI.

Et puis, quand la petite Fadette passait auprès d'eux, ils lui tiraient sa manche, ou avançaient leur pied pour la faire tomber, et il y en avait, des plus jeunes s'entend, et des moins bien appris, qui frappaient sur le grillon de sa coiffe et la lui faisaient virer d'une oreille à l'autre, en criant : — Au grand calot, au grand calot à la mère Fadet!

Le pauvre grelet allongea cinq ou six tapes à droite ou à gauche ; mais tout cela ne servit qu'à attirer l'attention de son côté ; et les personnes de l'endroit commencèrent à se dire : — Mais voyez donc notre grelette, comme elle a de la chance aujourd'hui, que Landry Barbeau la fait danser à tout moment! C'est vrai qu'elle danse bien, mais la voilà qui fait la belle fille et qui se carre comme une agasse. — Et parlant à Landry, il y en eut qui dirent : — Elle t'a donc jeté un sort, mon pauvre Landry, que tu ne regardes qu'elle? ou bien c'est que tu veux passer sorcier, et que bientôt nous te verrons mener les loups aux champs.

Landry fut mortifié; mais Sylvinet, qui ne voyait rien de plus excellent et de plus estimable que son frère, le fut encore davantage de voir qu'il se donnait en risée à tant de monde, et à des étrangers qui commençaient aussi à s'en mêler, à faire des questions, et à dire : « C'est bien un beau gars : mais, tout de même, il a une drôle d'idée de se coiffer de la plus vilaine qu'il n'y ait pas dans toute l'assemblée. » La Madelon vint, d'un air de triomphe, écouter toutes ces moqueries, et, sans charité, elle y mêla son mot : — Que voulez-vous? dit-elle ; Landry est encore un petit enfant; à son âge, pourvu qu'on trouve à qui parler, on ne regarde pas si c'est une tête de chèvre ou une figure chrétienne.

Sylvinet prit alors Landry par le bras, en lui disant tout bas : — Allons-nous-en, frère, ou bien il faudra nous fâcher; car on se moque, et l'insulte qu'on fait à la petite Fadette revient sur toi. Je ne sais pas quelle idée t'a pris aujourd'hui de la faire danser quatre ou cinq fois de suite. On dirait que tu cherches cet amusement-là, je t'en prie. C'est bon pour elle de s'exposer aux duretés et au mépris du monde. Elle ne cherche que cela, et c'est son goût : mais ce n'est pas le nôtre. Allons-nous-en, nous reviendrons après l'Angelus, et tu feras danser la Madelon qui est toute belle comme il faut. Je t'ai toujours dit que tu aimais trop la danse, et que cela te ferait faire des choses sans raison.

Landry se suivit deux ou trois pas, mais il se retourna en entendant une grande clameur; et il vit la petite Fadette que Madelon et les autres filles avaient livrée aux moqueries des gamins, et que les grands, encouragés par les risées qu'on en faisait, venaient de décoiffer d'un coup de poing. Elle avait ses grands cheveux noirs qui pendaient sur son dos, et se débattait en colère et en chagrin; car, cette fois, elle n'avait rien dit qui lui méritât d'être tant maltraitée, et elle pleurait de rage, sans pouvoir rattraper sa coiffe qu'un méchant galopin emportait au bout d'un bâton.

Landry trouva la chose bien mauvaise, et, son bon cœur se soulevant contre l'injustice, il attrapa le gamin, lui ôta la coiffe et le bâton, dont il lui appliqua un bon coup dans le derrière, revint au milieu des autres qu'il mit en fuite, rien que de se montrer, prenant le pauvre grelet par la main, il lui rendit sa coiffure.

La vivacité de Landry et la peur des gamins firent grandement rire les assistants. On applaudissait à Landry; mais la Madelon tournant la chose contre lui, il y eut des garçons de l'âge de Landry, et même de plus âgés, qui eurent l'air de rire à ses dépens.

Landry avait perdu sa honte ; il se sentait brave et fort, et un je ne sais quoi de l'homme fait lui disait qu'il remplissait son devoir en ne laissant pas maltraiter une femme, laide ou belle, petite ou grande, qu'il avait prise pour sa danseuse, au vu et au su de tout le monde. Il

s'aperçut de la manière dont on le regardait du côté de Madelon, et il alla tout droit vis-à-vis des Aladenise et des Alaphilippe, en leur disant :

— Eh bien! vous autres, qu'est-ce que vous avez à en dire? S'il me convient, à moi, de donner attention à cette fille-là, en quoi cela vous offense-t-il? Et si vous en êtes choqués, pourquoi vous détournez-vous pour le dire tout bas? Est-ce que je ne suis pas devant vous? est-ce que vous ne me voyez point? On a dit par ici que j'étais encore un petit enfant ; mais il n'y a pas par ici un homme ou seulement un grand garçon qui me l'ait dit en face! J'attends qu'on me parle, et nous verrons si l'on molestera la fille que ce petit enfant fait danser.

Sylvinet n'avait pas quitté son frère, et, quoiqu'il ne l'approuvât point d'avoir soulevé cette querelle, il se tenait tout prêt à le soutenir. Il y avait là quatre ou cinq grands jeunes gens qui avaient la tête de plus que les bessons ; mais, quand ils les virent si résolus et comme, au fond, se battre pour si peu était à considérer, ils ne soufflèrent mot et se regardèrent les uns les autres, comme pour se demander lequel avait eu l'intention de se mesurer avec Landry. Aucun ne se présenta, et Landry, qui n'avait point lâché la main de la Fadette, lui dit :

— Mets vite ton coiffage, Fanchon, et dansons, pour que je voie si on viendra te l'ôter.

— Non, dit la petite Fadette en essuyant ses larmes, j'ai assez dansé pour aujourd'hui, et je te tiens quitte du reste.

— Non pas, non pas, il faut danser encore, dit Landry, qui était tout en feu de courage et de fierté. Il ne sera pas dit que tu ne puisses pas danser avec moi sans être insultée.

Il la fit danser encore, et personne ne lui adressa un mot ni un regard de travers. La Madelon et ses soupirants avaient été danser ailleurs. Après cette bourrée, la petite Fadette dit tout bas à Landry :

— A présent, c'est assez, Landry. Je suis contente de toi, et je te rends ta parole. Je retourne à la maison. Danse avec qui tu voudras ce soir.

Et elle s'en alla reprendre son petit frère qui se battait avec les autres enfants, et s'en alla si vite que Landry ne vit pas seulement par où elle se retirait.

XVII.

Landry alla souper chez lui avec son frère ; et, comme celui-ci était bien soucieux de tout ce qui s'était passé, il lui raconta comme quoi il avait eu maille à partir la veille au soir avec le feu follet, et comment la petite Fadette l'en ayant délivré, soit par courage, soit par magie, elle lui avait demandé pour sa récompense de la faire danser sept fois à la fête de Saint-Andoche. Il ne lui parla point du reste, ne voulant jamais lui dire quelle peur il avait eue de le trouver noyé l'an d'auparavant, et en cela il était sage, car ces mauvaises idées que les enfants se mettent quelquefois en tête y reviennent bientôt, si l'on n'y fait attention et si on leur en parle.

Sylvinet approuva son frère d'avoir tenu sa parole, et lui dit que l'ennui que cela lui avait attiré augmentait d'autant l'estime qu'il en était due. Mais, tout en s'effrayant du danger que Landry avait couru dans la rivière, il manqua de reconnaissance pour la petite Fadette. Il l'aimait tant d'éloignement pour elle qu'il ne voulait point croire qu'elle l'eût trouvé là par hasard, ni qu'elle l'eût secouru par bonté.

— C'est elle, lui dit-il, qui avait conjuré le fadet pour te troubler l'esprit et te faire noyer ; mais Dieu ne l'a pas permis, parce que tu n'étais pas et n'as jamais été en état de péché mortel. Alors ce méchant grelet, abusant de ta bonté et de ta reconnaissance, t'a fait faire une promesse qu'elle savait bien fâcheuse et dommageable pour toi. Elle est très-mauvaise, cette fille-là : toutes les sorcières aiment le mal, il n'y en a pas de bonnes. Elle savait bien qu'elle te brouillerait avec la Madelon et tes plus honnêtes connaissances. Elle voulait aussi te faire battre ; et si, pour la seconde fois, le bon Dieu ne t'avait point défendu contre elle, tu aurais bien pu avoir quelque mauvaise dispute et attraper du malheur.

Landry, qui voyait volontiers par les yeux de son frère, pensa qu'il avait peut-être bien raison, et ne dé-fendit guère la Fadette contre lui. Ils causèrent ensemble sur le follet, que Sylvinet n'avait jamais vu, et dont il était bien curieux d'entendre parler, sans pourtant désirer de le voir. Mais ils n'osèrent pas en parler à leur mère, parce qu'elle avait peur, rien que d'y songer ; ni à leur père, parce qu'il s'en moquait, et en avait vu plus de vingt sans y donner d'attention.

On devait danser encore jusqu'à la grand'nuit ; mais Landry, qui avait le cœur gros à cause qu'il était pour de bon fâché contre la Madelon, ne voulut point profiter de la liberté que la Fadette lui avait rendue, et il aida son frère à aller chercher ses bêtes au pacage. Et comme cela le conduisit à moitié chemin de la Priche, et qu'il avait le mal de tête, il dit adieu à son frère au bout de la joncière. Sylvinet ne voulut point qu'il allât passer au gué des Roulettes, crainte que le follet ou le grelet ne lui fissent encore là quelque méchant jeu. Il lui fit promettre de prendre le plus long et d'aller passer à la planchette du grand moulin.

Landry fit comme son frère souhaitait, et au lieu de traverser la joncière, il descendit la traîne qui longe la côte du Chaumois. Il n'avait peur de rien, parce qu'il y avait encore du bruit en l'air à cause la fête. Il entendait tant soit peu les musettes et les cris des danseurs de la Saint-Andoche, et il savait bien que les esprits ne font leurs malices que quand tout le monde est endormi dans le pays.

Quand il fut au bas de la côte, tout au droit de la car-rière, il entendit une voix qui paraissait gémir et pleu-rer, et tout d'abord il crut que c'était le courlis. Mais, à mesure qu'il approchait, cela ressemblait à des gémisse-ments humains, et, comme le cœur ne lui faisait jamais défaut quand il s'agissait d'avoir affaire à des êtres de son espèce, et surtout de leur porter secours, il descendit hardiment dans le plus creux de la carrière.

Mais la personne qui se plaignait ainsi fit silence en l'entendant venir.

— Qui pleure donc ça par ici ? demanda-t-il d'une voix assurée.

On ne lui répondit mot.

— Y a-t-il par là quelqu'un de malade ? fit-il encore.

Et comme on ne disait rien, il songea à s'en aller ; mais auparavant il voulut regarder emmy les pierres et les grands chardons qui encombraient l'endroit, et bien-tôt il vit, à la clarté de la lune qui commençait à monter, une personne couchée par terre tout de son long, la figure en avant et ne bougeant non plus que si elle était morte, soit qu'elle n'en valût guère mieux, soit qu'elle se fût jetée là dans une grande affliction, et que, pour ne pas se faire apercevoir, elle ne voulût point remuer.

Landry n'avait jamais encore vu ni touché un mort. L'idée que c'en était peut-être un lui fit une grande émo-tion ; mais il se surmonta, parce qu'il pensa devoir porter assistance à son prochain, et il alla résolument pour tâter la main de cette personne étendue, qui, se voyant décou-verte, se releva à moitié aussitôt qu'il fut auprès d'elle ; et alors Landry connut que c'était la petite Fadette.

XVIII,

Landry fut fâché d'abord d'être obligé de trouver tou-jours la petite Fadette sur son chemin ; mais comme elle paraissait avoir une peine, il en eut compassion. Et voilà l'entretien qu'ils eurent ensemble :

— Comment, Grelet, c'est toi qui pleurais comme ça ? Quelqu'un t'a-t-il frappée ou pourchassée encore, que tu te plains et que tu te caches ?

— Non, Landry, personne ne m'a molestée depuis que tu m'as si bravement défendue ; et d'ailleurs je ne crains personne. Je me cachais pour pleurer, et c'est tout, car

il n'y a rien de si sot que de montrer sa peine aux autres.

— Mais pourquoi as-tu une si grosse peine ? Est-ce à cause des méchancetés qu'on t'a faites aujourd'hui ? Il y a eu un peu de ta faute ; mais il faut t'en consoler et ne plus t'y exposer.

— Pourquoi dites-vous, Landry, qu'il y a eu de ma faute ? C'est donc un outrage que je vous ai fait de sou-haiter de danser avec vous, et je suis donc la seule fille qui n'ait pas le droit de s'amuser comme les autres ?

— Ce n'est point cela, Fadette ; je ne vous fais point reproche d'avoir voulu danser avec moi. J'ai fait ce que vous souhaitiez, et je me suis conduit avec vous comme je devais. Votre tort est plus ancien que la journée d'au-jourd'hui, et si vous l'avez eu, ce n'est point envers moi, mais envers vous-même, vous le savez bien.

— Non, Landry ; aussi vrai que j'aime Dieu, je ne connais pas ce tort-là ; je n'ai jamais songé à moi-même, et si je me reproche quelque chose, c'est de vous avoir causé du désagrément contre mon gré.

— Ne parlons pas de moi, Fadette, je ne vous fais au-cune plainte ; parlons de vous ; et puisque vous ne vous connaissez point de défauts, voulez-vous que, de bonne foi et de bonne amitié, je vous dise ceux que vous avez ?

— Oui, Landry, je le veux, et j'estimerai cela la meil-leure récompense ou la meilleure punition que tu puisses me donner pour le bien ou le mal que je t'ai fait.

— Eh bien, Fanchon Fadet, puisque tu parles si rai-sonnablement, et que, pour la première fois de ta vie, je te vois douce et traitable, je vais te dire pourquoi on ne te respecte pas comme une fille de seize ans devrait pou-voir l'exiger. C'est que tu n'as rien d'une fille et tout d'un garçon, dans ton air et dans tes manières ; c'est que tu ne prends pas soin de ta personne. Pour commencer, tu n'as point l'air propre et soigneux, et tu te fais pa-raître laide par ton habillement et ton langage. Tu sais bien que les enfants t'appellent d'un nom encore plus déplaisant que celui de grelet. Ils t'appellent souvent le mâlot. Eh bien, crois-tu que ce soit à propos, à seize ans, de ne point ressembler encore à une fille ? Tu montes sur les arbres comme un vrai chat-écurieux, et quand tu sautes sur une jument, sans bride ni selle, tu la fais ga-loper comme si le diable était dessus. C'est bon d'être forte et leste ; c'est bon aussi de n'avoir peur de rien, et c'est un avantage de nature pour un homme. Mais pour une femme trop est trop, et tu as l'air de vouloir te faire remarquer. Aussi on te remarque, on te taquine, on crie après toi comme après le loup. Tu as de l'esprit et tu ré-ponds des malices qui font rire ceux à qui elles ne s'adres-sent point. C'est encore bon d'avoir plus d'esprit que les autres ; mais à force de le montrer, on se fait des enne-mis. Tu es curieuse, et quand tu as surpris les secrets des autres, tu les leur jettes à la figure bien durement, aussitôt que tu as à te plaindre d'eux. Cela te fait crain-dre, et on déteste ceux qu'on craint. On leur rend plus de mal qu'ils n'en font. Enfin, que tu sois sorcière ou non, je veux croire que tu as des connaissances, mais j'espère que tu ne t'es pas donnée aux mauvais esprits ; tu cherches à le paraître pour effrayer ceux qui te fâchent, et c'est toujours un assez vilain renom que tu te donnes là. Voilà tous tes torts, Fanchon Fadet, et c'est à cause de ces torts-là que les gens en ont avec toi. Rumine un peu la chose, et tu verras que si tu voulais être un peu plus comme les autres, on te saurait plus de gré de ce que tu as de plus qu'eux dans ton entendement.

— Je te remercie, Landry, répondit la petite Fadette d'un air très-sérieux, après avoir écouté le besson bien religieusement. Tu m'as dit à peu près ce que tout le monde me reproche, et tu me l'as dit avec beaucoup d'honnêteté et de ménagement ; ce que les autres ne font point ; mais à présent veux-tu que je te réponde, et, pour cela, veux-tu que t'asseoir à mon côté pour un petit moment ?

— L'endroit n'est guère agréable, dit Landry, qui ne se souciait point trop de s'attarder avec elle, et qui son-geait toujours aux mauvais sorts qu'on l'accusait de jeter sur ceux qui ne s'en méfiaient point.

— Tu ne trouves point l'endroit agréable, reprit-elle, parce que vous autres riches vous êtes difficiles. Il vous faut du beau gazon pour vous asseoir dehors, et vous pouvez choisir dans vos prés et dans vos jardins les plus belles places et le meilleur ombrage. Mais ceux qui n'ont rien à eux n'en demandent pas si long au bon Dieu, et ils s'accommodent de la première pierre venue pour y poser leur tête. Les épines ne blessent point leurs pieds, et là où ils se trouvent ils observent tout ce qui est joli et avenant au ciel et sur la terre. Il n'y a point de vilain endroit, Landry, pour ceux qui connaissent la vertu et la douceur de toutes les choses que Dieu a faites. Moi, je sais, sans être sorcière, à quoi sont bonnes les moindres herbes que tu écrases sous tes pieds; et quand je sais leur usage, je les regarde et ne méprise ni leur odeur ni leur figure. Je te dis cela, Landry, pour t'enseigner tout à l'heure une autre chose qui se rapporte aux âmes chrétiennes aussi bien qu'aux fleurs des jardins et aux ronces des carrières; c'est que l'on méprise trop souvent ce qui ne paraît ni beau ni bon, et que par là on se prive de ce qui est secourable et salutaire.

— Je n'entends pas bien ce que tu veux signifier, dit Landry en s'asseyant auprès d'elle; — et ils restèrent un moment sans se parler, car la petite Fadette avait l'esprit envolé à des idées que Landry ne connaissait point; et, quant à lui, malgré qu'il en eût un peu d'embrouillement dans la tête, il ne pouvait pas s'empêcher d'avoir du plaisir à entendre cette fille; car jamais il n'avait entendu une voix si douce et des paroles si bien dites que les paroles et la voix de la Fadette dans ce moment-là.

— Écoute, Landry, lui dit-elle, je suis plus à plaindre qu'à blâmer; et si j'ai des torts envers moi-même, du moins n'en ai-je jamais eu de sérieux envers les autres; et si le monde était juste et raisonnable, il ferait plus d'attention à mon bon cœur qu'à ma vilaine figure et à mes mauvais habillements. Vois un peu, ou apprends, si tu ne le sais, quel a été mon sort depuis que je suis au monde. Je ne te dirai point de mal de ma pauvre mère qu'un chacun blâme et insulte, quoiqu'elle ne soit point là pour se défendre, et sans que je puisse le faire, moi qui ne sais pas bien ce qu'elle a fait de mal, ni pourquoi elle a été poussée à le faire. Eh bien, le monde est si méchant, qu'à peine ma mère m'eut-elle délaissée, et comme je la pleurais encore bien amèrement, au moindre dépit que les autres enfants avaient contre moi, pour un jeu, pour un rien qu'ils se seraient pardonné entre eux, ils me reprochaient la faute de ma mère et voulaient me forcer à rougir d'elle. Peut-être qu'à ma place une fille raisonnable, comme tu dis, se fût abaissée dans le silence, pensant qu'il était prudent d'abandonner la cause de sa mère et de la laisser injurier pour se préserver de l'être. Mais moi, vois-tu, je ne le pouvais pas. C'était plus fort que moi. Ma mère était toujours ma mère, et qu'elle soit ce qu'on voudra, que je la retrouve ou que je n'en entende jamais parler, je l'aimerai toujours de toute la force de mon cœur. Aussi, quand on m'appelle enfant de coureuse et de vivandière, je suis en colère, non à cause de moi: je sais bien que cela ne peut m'offenser, puisque je n'ai rien fait de mal; mais à cause de cette pauvre chère femme que mon devoir est de défendre. Et comme je ne peux ni la défendre, ni la venger, en disant aux autres les vérités qu'ils méritent, et en leur montrant qu'ils ne valent pas mieux que celle à qui ils jettent la pierre. Voilà pourquoi ils disent que je suis curieuse et insolente, que je surprends leurs secrets pour les divulguer. Il est vrai que le bon Dieu m'a faite curieuse, si c'est l'être que de désirer de connaître les choses cachées. Mais si on avait été bon et humain envers moi, je n'aurais pas songé à contenter ma curiosité aux dépens du prochain. J'aurais renfermé mon amusement dans la connaissance des secrets que m'enseigne ma grand'mère pour la guérison du corps humain. Les fleurs, les herbes, les pierres, les mouches, tous les secrets de nature, il y en aurait eu bien assez pour m'occuper et me divertir, moi qui aime à vaguer et à fureter partout. J'aurais toujours été seule, sans connaître l'ennui; car mon plus grand plaisir est d'aller dans les endroits qu'on ne fréquente point et d'y rêvasser à cinquante choses dont je n'entends jamais parler aux personnes qui se croient bien sages et bien avisées. Si je me suis laissé attirer dans le commerce de mon prochain, c'est par l'envie que j'avais de rendre service avec les petites connaissances qui me sont venues et dont ma grand'mère elle-même fait souvent son profit sans rien dire. Eh bien, au lieu d'être remerciée honnêtement par tous les enfants de mon âge dont je guérissais les blessures et les maladies, et à qui j'enseignais mes remèdes sans demander jamais de récompense, j'ai été traitée de sorcière; et ceux qui venaient bien doucement me prier quand ils avaient besoin de moi, me disaient plus tard des sottises à la première occasion.

Cela me courrouçait, et j'aurais pu leur nuire, car si je sais des choses pour faire du bien, j'en sais aussi pour faire du mal; et pourtant je n'en ai jamais fait usage; je ne connais point la rancune, et si je me venge en paroles, c'est que je suis soulagée en disant tout de suite ce qui me vient au bout de la langue, et qu'ensuite je n'y pense plus et pardonne, ainsi que Dieu le commande. Quant à ne prendre soin ni de ma personne ni de mes manières, cela devrait montrer que je ne suis pas assez folle pour me croire belle, lorsque je sais que je suis si laide que personne ne peut me regarder. On me l'a dit assez souvent pour que je le sache; et, en voyant combien les gens sont durs et méprisants pour ceux que le bon Dieu a mal partagés, je me suis fait un plaisir de leur déplaire, me consolant par l'idée que ma figure n'avait rien de repoussant pour le bon Dieu et pour mon ange gardien, lesquels ne me la reprocheraient pas plus que je ne la leur reproche moi-même. Aussi, moi, je ne suis pas comme ceux qui disent: Voilà une chenille, une vilaine bête; ah! qu'elle est laide! il faut la tuer! Moi, je n'écrase pas la pauvre créature du bon Dieu, et si la chenille tombe dans l'eau, je lui tends une feuille pour qu'elle se sauve. Et à cause de cela, on dit que j'aime les mauvaises bêtes et que je suis sorcière, parce que je n'aime pas à faire souffrir une grenouille, à arracher les pattes à une guêpe et à clouer une chauve-souris vivante contre un arbre. Pauvre bête, que je lui dis, si on doit tuer tout ce qui est vilain, je n'aurais pas plus que toi le droit de vivre.

XIX.

Landry fut, je ne sais comment, émotionné de la manière dont la petite Fadette parlait humblement et tranquillement de sa laideur, et, se remémorant sa figure, qu'il ne voyait guère dans l'obscurité de la carrière, il lui dit, sans songer à la flatter:

— Mais, Fadette, tu n'es pas si vilaine que tu le crois, ou que tu veux bien le dire. Il y en a de bien plus déplaisantes que toi à qui on n'en fait pas reproche.

— Que je le sois un peu plus, un peu de moins, tu ne peux pas dire, Landry, que je suis une jolie fille. Voyons, ne cherche pas à me consoler, car je n'en ai pas de chagrin.

— Dame! qu'est-ce qui sait comment tu serais si tu étais habillée et coiffée comme les autres? Il y a une chose que tout le monde dit: c'est que si tu n'avais pas le nez si court, la bouche si grande et la peau si noire, tu ne serais point mal; car on dit aussi que, dans tout le pays d'ici, il n'y a pas une paire d'yeux comme les tiens, et si tu n'avais point le regard si hardi et si moqueur, on aimerait à être bien vu de ces yeux-là.

Landry parlait de la sorte sans trop se rendre compte de ce qu'il disait. Il se trouvait en train de se rappeler les défauts et les qualités de la petite Fadette; et, pour la première fois, il y donnait une attention et un intérêt dont il ne se serait pas cru capable un moment plus tôt. Elle y prit garde, mais n'en fit rien paraître, ayant trop d'esprit pour prendre la chose au sérieux.

— Mes yeux voient en bien ce qui est bon, dit-elle, et en pitié ce qui n'est pas. Aussi je me console bien de déplaire à qui ne me plaît point, et je ne conçois guère pourquoi toutes ces belles filles, que je vois courtisées, sont coquettes avec tout le monde, comme si tout le monde

Elle avait une coiffe toute jaunie par le renfermé. (Page 21.)

était de leur goût. Pour moi, si j'étais belle, je ne voudrais le paraître et me rendre aimable qu'à celui qui me conviendrait.

Landry pensa à la Madelon, mais la petite Fadette ne le laissa pas sur cette idée-là ; elle continua de parler comme s'ensuit :

— Voilà donc, Landry, tout mon tort envers les autres, c'est de ne point chercher à quêter leur pitié ou leur indulgence pour ma laideur. C'est de me montrer à eux sans aucun attifage pour le déguiser, et cela les offense et leur fait oublier que je leur ai fait souvent du bien, jamais de mal. D'un autre côté, quand même j'aurais soin de ma personne, où prendrais-je de quoi me faire brave ? Ai-je jamais mendié, quoique je n'aie pas à moi un sou vaillant ? Ma grand'mère me donne-t-elle la moindre chose, si ce n'est la retirance et le manger ? Et si je ne sais point tirer parti des pauvres hardes que ma pauvre mère m'a laissées, est-ce ma faute, puisque personne ne me l'a enseigné, et que depuis l'âge de dix ans je suis abandonnée sans amour ni merci de personne ? Je sais bien le reproche qu'on me fait, et tu as eu la charité de me l'épargner : on dit que j'ai seize ans et que je pourrais bien me

louer, qu'alors j'aurais des gages et le moyen de m'entretenir ; mais que l'amour de la paresse et du vagabondage me retient auprès de ma grand'mère, qui ne m'aime pourtant guère et qui a bien le moyen de prendre une servante.

— Eh bien, Fadette, n'est-ce point la vérité ? dit Landry. On te reproche de ne pas aimer l'ouvrage, et ta grand'mère elle-même dit à qui veut l'entendre, qu'elle aurait du profit à prendre une domestique à ta place.

— Ma grand'mère dit cela parce qu'elle aime à gronder et à se plaindre. Et pourtant quand je parle de la quitter, elle me retient, parce qu'elle sait que je lui suis plus utile qu'elle ne veut le dire. Elle n'a plus ses yeux ni ses jambes de quinze ans pour trouver les herbes dont elle fait ses breuvages et ses poudres, et il y en a qu'il faut aller chercher bien loin et dans des endroits bien difficiles. D'ailleurs, je te l'ai dit, je trouve de moi-même aux herbes des vertus qu'elle ne leur connaît pas, et elle est bien étonnée quand je fais des drogues dont elle voit ensuite le bon effet. Quant à nos bêtes, elles sont si belles qu'on est tout surpris de voir un pareil troupeau à des gens qui n'ont de pacage autre que le communal. Eh bien, ma grand'mère sait à qui elle doit des ouailles en si bonne laine et des chèvres en si bon lait, Va, elle n'a point envie que je la quitte, et je lui vaux plus gros que je ne lui coûte. Moi, j'aime ma grand'mère, encore qu'elle me rudoie et me prive beaucoup. Mais j'ai une autre raison pour ne pas la quitter, et je te la dirai si tu veux, Landry.

— Eh bien, dis-la donc, répondit Landry, qui ne se fatiguait point d'écouter la Fadette.

— C'est, dit-elle, que ma mère m'a laissé sur les bras, alors que je n'avais encore que dix ans, un pauvre enfant bien laid, aussi laid que moi, et encore plus disgracié, pour ce qu'il est éclopé de naissance, chétif, maladif, crochu et toujours en chagrin et en malice, parce qu'il est toujours en souffrance, le pauvre gars ! Et tout le monde le traeasse, le repousse et l'avilit, mon pauvre sauteriot ! Ma grand'mère le tance trop rudement et le frapperait trop, si je ne le défendais contre elle, en faisant semblant de le tarabuster à sa place. Mais j'ai toujours grand soin de ne pas le toucher pour de vrai, et il le sait bien, lui ! Aussi quand il a fait une faute, il accourt se cacher dans mes jupons, et il me dit : « Bats-moi avant que ma grand'mère ne me prenne ! » Et moi, je le bats pour rire, et le malin fait semblant de crier. Et puis je le soigne ; je ne peux pas toujours l'empêcher d'être en loques, le pauvre petit ; mais quand j'ai quelque nippe, je l'arrange pour l'habiller, et je le guéris quand il est malade, tandis que ma grand'mère le ferait mourir, car elle ne sait point soigner les enfants. Enfin, je le conserve à la vie, ce malingret, qui sans moi serait bien malheureux, et bientôt dans la terre à côté de notre pauvre père, que je n'ai pas pu empêcher de mourir. Je ne sais pas si je lui rends service en le faisant vivre, tortu et malplaisant comme il est ; mais c'est plus fort que moi, Landry, et quand je songe à prendre du service pour avoir quelque argent à moi et me retirer de la misère où je suis, mon cœur se fend de pitié et me fait reproche, comme si j'étais la mère de mon sauteriot, et comme si je le voyais périr par ma faute. Voilà tous mes torts et tous mes manquements, Landry. A présent, que le bon Dieu me juge ; moi, je pardonne à ceux qui me méconnaissent.

XX.

Landry écoutait toujours la petite Fadette avec une grande contention d'esprit, et sans trouver à redire à aucune de ses raisons. En dernier lieu, la manière dont elle parla de son petit frère le sauteriot, lui fit un effet, comme si, tout d'un coup, il se sentait de l'amitié pour elle, et comme s'il voulait être de son parti contre tout le monde.

— Cette fois-ci, Fadette, dit-il, celui qui te donnerait tort serait dans son tort le premier ; car tout ce que tu as dit là est très-bien dit, et personne ne se douterait de ton bon cœur et de ton bon raisonnement. Pourquoi ne te fais-tu pas connaître pour ce que tu es ? on ne parlerait pas mal de toi, et il y en a qui te rendraient justice.

— Je te l'ai bien dit, Landry, reprit-elle. Je n'ai pas besoin de plaire à qui ne me plaît point.

— Mais si tu me le dis à moi, c'est donc que...

Là-dessus Landry s'arrêta, tout étonné de ce qu'il avait manqué de dire ; et, se reprenant :

— C'est donc, fit-il, que tu as plus d'estime pour moi que pour un autre ? Je croyais pourtant que tu me haïssais à cause que je n'ai jamais été bon pour toi.

— C'est possible que je t'aie haï un peu, répondit la petite Fadette ; mais si cela a été, cela n'est plus à partir d'aujourd'hui, et je vais te dire pourquoi, Landry. Je te croyais fier, et tu l'es ; mais tu sais surmonter ta fierté pour faire ton devoir, et tu y as d'autant plus de mérite. Je te croyais ingrat, et, quoique la fierté qu'on t'a enseignée te pousse à l'être, tu es si fidèle à ta parole que rien ne te coûte pour t'acquitter. Enfin, je te croyais poltron, et pour cela j'étais portée à te mépriser ; mais je vois que tu n'as que de la superstition, et que le courage, quand il s'agit d'un danger certain à affronter, ne te fait pas dé-

faut. Tu m'as fait danser aujourd'hui, quoique tu en fusses bien humilié. Tu es même venu, après vêpres, me chercher auprès de l'église, au moment où je t'avais pardonné dans mon cœur après avoir fait ma prière, et où je ne songeais plus à te tourmenter. Tu m'as défendue contre de méchants enfants, et tu as provoqué de grands garçons qui, sans toi, m'auraient maltraitée. Enfin, ce soir, en m'entendant pleurer, tu es venu à moi pour m'assister et me consoler. Ne crois point, Landry, que j'oublierai jamais ces choses-là. Tu auras toute ta vie la preuve que j'en garde une grande souvenance, et tu pourras me requérir, à ton tour, de tout ce que tu voudras, dans quelque moment que ce soit. Ainsi, pour commencer, je sais que je t'ai fait aujourd'hui une grosse peine. Oui, je le sais, Landry, je suis assez sorcière pour l'avoir deviné, encore que, ce matin, je ne m'en doutais point. Va, sois certain que j'ai plus de malice que de méchanceté, et que, si je t'avais su amoureux de la Madelon, je ne t'aurais pas brouillé avec elle, comme je l'ai fait en te forçant à danser avec moi. Cela m'amusait, j'en tombe d'accord, de voir que, pour danser avec une laideron comme moi, tu laissais de côté une belle fille ; mais je croyais que c'était seulement une petite piqûre à ton amour-propre. Quand j'ai peu à peu compris que c'était une vraie blessure dans ton cœur, que, malgré toi, tu regardais toujours du côté de Madelon, et que son dépit te donnait envie de pleurer, j'ai pleuré aussi, vrai ! J'ai pleuré au moment où tu as voulu te battre contre ses galants, et tu as cru que c'étaient des larmes de repentance. Voilà pourquoi je pleurais encore si amèrement quand tu m'as surprise ici, et pourquoi je pleurerai jusqu'à ce que j'aie réparé le mal que j'ai causé à un bon et brave garçon comme je connais à présent que tu l'es.

— Et, en supposant, ma pauvre Fanchon, dit Landry, tout ému des larmes qu'elle recommençait à verser, que tu m'aies causé une fâcherie avec une fille dont je serais amoureux comme tu dis, que pourrais-tu donc faire pour nous remettre en bon accord ?

— Fie-toi à moi, Landry, répondit la petite Fadette. Je ne suis pas assez sotte pour ne pas m'expliquer comme il faut. La Madelon saura que tout le tort est venu de moi. Je me confesserai à elle et je te rendrai blanc comme neige. Si elle ne te rend pas son amitié demain, c'est qu'elle ne t'a jamais aimé et...

— Et que je ne dois pas la regretter, Fanchon ; et comme elle ne m'a jamais aimé, en effet, tu prendrais une peine inutile. Ne le fais donc pas, et console-toi du petit chagrin que tu m'as fait. J'en suis déjà guéri.

— Ces peines-là ne guérissent pas si vite, répondit la petite Fadette ; et puis, se ravisant : — Du moins à ce qu'on dit, fit-elle. C'est le dépit qui te fait parler, Landry. Quand tu auras dormi là-dessus, demain viendra et tu seras bien triste jusqu'à ce que tu aies fait ta paix avec cette belle fille.

— Peut-être bien, dit Landry, mais, à cette heure, je te baille ma foi que je n'en sais rien et que je n'y pense point. Je m'imagine que c'est toi qui veux me faire accroire que j'ai beaucoup d'amitié pour elle, et moi, il me semble que si j'en ai eu, c'était si petitement que j'en ai quasiment perdu la souvenance.

— C'est drôle, dit la petite Fadette en soupirant ; c'est donc comme ça que vous aimez, vous, les garçons ?

— Dame ! vous autres filles, vous n'aimez pas mieux ; puisque vous vous choquez si aisément, et que vous vous consolez si vite avec le premier venu. Mais nous parlons là de choses que nous n'entendons peut-être pas encore, du moins toi, ma petite Fadette, qui vas toujours te gaussant des amoureux. Je crois bien que tu t'amuses de moi encore à cette heure, en voulant arranger mes affaires avec la Madelon. Ne le fais pas, te dis-je, car elle pourrait croire que je t'en ai chargée, et il y aurait de quoi se tromper. Et puis ça la fâcherait peut-être de penser que je me fais présenter à elle comme son amoureux attitré ; car la vérité est que je ne la connais jamais dit un mot d'amourette, et que, si j'ai eu du contentement à être auprès d'elle et à la faire danser, elle ne m'a jamais donné le courage de le lui faire assavoir par mes paroles. Par ainsi, laissons passer la chose ; elle en reviendra d'elle-même si elle veut ; et si elle n'en revient pas, je crois bien que je m'en mourrai point.

— Je sais mieux ce que tu penses là-dessus que toi-même, Landry, reprit la petite Fadette. Je te crois quand tu me dis que tu n'as jamais fait connaître ton amitié à la Madelon par des paroles : mais il faudrait qu'elle fût bien simple pour ne l'avoir pas connue dans tes yeux, aujourd'hui surtout. Puisque j'ai été cause de votre fâcherie, il faut que je sois cause de votre contentement, et c'est la bonne occasion de faire comprendre à la Madelon que tu l'aimes. C'est à moi de le faire et je le ferai si finement, et si à propos, qu'elle ne pourra point t'accuser de m'y avoir provoquée. Fie-toi, Landry, à la petite Fadette, au pauvre vilain grelet, qui n'a point le dedans aussi laid que le dehors ; et pardonne-lui de t'avoir tourmenté, car il en résultera pour toi un grand bien. Tu connaîtras que s'il est doux d'avoir l'amour d'une belle, il est utile d'avoir l'amitié d'une laide, car les laides ont du désintéressement et rien ne leur donne dépit ni rancune.

— Que tu sois belle ou laide, Fanchon, dit Landry en lui prenant la main, je crois comprendre déjà que ton amitié est une très-bonne chose, et si bonne, que l'amour en est peut-être une mauvaise en comparaison. Tu as beaucoup de bonté, je le connais à présent ; car je t'ai fait un grand affront auquel tu n'as pas voulu prendre garde aujourd'hui, et quand tu dis que je me suis bien conduit avec toi, je trouve, moi, que j'ai agi fort malhonnêtement.

— Comment donc ça, Landry? Je ne sais pas en quoi...

— C'est que je ne t'ai pas embrassée une seule fois à la danse, Fanchon, et pourtant c'était mon devoir et mon droit, puisque c'est la coutume. Je t'ai traitée comme on fait des petites filles de dix ans, qu'on ne se baisse pas pour embrasser, et pourtant tu es quasiment de mon âge ; il n'y a pas plus d'un an de différence. Je t'ai donc fait une injure, et si tu n'étais pas si bonne fille, tu t'en serais bien aperçue.

— Je n'y ai pas seulement pensé, dit la petite Fadette ; et elle se leva, car elle sentait qu'elle mentait, et elle ne voulait pas le faire paraître. Tiens, dit-elle en se forçant pour être gaie ; écoute comme les grelets chantent dans les blés en chaume ; ils m'appellent par mon nom, et la chouette est là-bas qui me crie l'heure que les étoiles marquent dans le cadran du ciel.

— Je l'entends bien aussi, et il faut que je rentre à la Priche ; mais avant que je te dise adieu, Fadette, est-ce que tu ne veux pas me pardonner?

— Mais je ne t'en veux pas, Landry, et je n'ai pas de pardon à te faire.

— Si fait, dit Landry, qui était tout agité d'un je ne sais quoi, depuis qu'elle lui avait parlé d'amour et d'amitié, d'une voix si douce que celle des bouvreuils qui gazouillaient en dormant dans les buissons paraissait dure auprès. Si fait, tu me dois un pardon, c'est de me dire qu'il faut à présent que je t'embrasse pour réparer de l'avoir omis dans le jour.

La petite Fadette trembla un peu : puis, tout aussitôt, reprenant sa bonne humeur :

— Tu veux, Landry, que je te fasse expier ton tort par une punition. Eh bien, j'en tiens quitte, mon garçon. C'est bien assez d'avoir fait danser la laide, ce serait trop de vertu que de vouloir l'embrasser.

— Tiens, ne dis pas ça, s'exclama Landry en lui prenant la main et le bras tout ensemble ; je crois que ça ne peut être une punition de t'embrasser... à moins que si la chose ne te chagrine et ne te répugne, venant de moi...

Et quand il eut dit cela, il fit un tel souhait d'embrasser la petite Fadette, qu'il tremblait de peur qu'elle n'y consentît point.

— Écoute, Landry, lui dit-elle de sa voix douce et flatteuse, si j'étais belle, je te dirais que ce n'est le lieu ni l'heure de s'embrasser comme en cachette. Si j'étais coquette, je penserais, au contraire, que c'est l'heure et le lieu, parce que la nuit cache ma laideur, et qu'il n'y a ici personne pour te faire honte de ta fantaisie. Mais, comme je ne suis ni coquette ni belle, voilà ce que je te dis :

Serre-moi la main en signe d'honnête amitié, et je serai contente d'avoir ton amitié, moi qui n'en ai jamais eu et qui n'en souhaiterai jamais d'autre.

— Oui, dit Landry, je serre ta main de tout mon cœur, entends-tu, Fadette? Mais la plus honnête amitié, et c'est celle que j'ai pour toi, n'empêche point qu'on s'embrasse? Si tu me dénies cette preuve-là, je croirai que tu as encore quelque chose contre moi.

Et il tenta de l'embrasser par surprise ; mais elle y fit résistance, et, comme il s'y obstinait, elle se mit à pleurer en disant :

— Laisse-moi, Landry, tu me fais beaucoup de peine.

Landry s'arrêta tout étonné, et si chagriné de la voir encore dans les larmes, qu'il en eut comme du dépit.

— Je vois bien, lui dit-il, que tu ne dis pas la vérité en me disant que mon amitié est la seule que tu veuilles avoir. Tu en as une plus forte qui te défend de m'embrasser.

— Non, Landry, répondit-elle en sanglotant ; mais j'ai peur que, pour m'avoir embrassée la nuit, sans me voir, vous ne me haïssiez quand vous me reverrez au jour.

— Est-ce que je ne t'ai jamais vue? dit Landry impatienté ; est-ce que je ne te vois pas à présent? Tiens, viens un peu à la lune, je te vois bien, et je ne sais pas si tu es laide, mais j'aime ta figure, puisque je t'aime, voilà tout.

Et puis il l'embrassa, d'abord tout en tremblant, et puis, il y revint avec tant de goût qu'elle en eut peur, et lui dit en le repoussant :

— Assez! Landry, assez! on dirait que tu m'embrasses de colère ou que tu penses à Madelon. Apaise-toi, je lui parlerai demain, et demain tu l'embrasseras avec plus de joie que je ne peux t'en donner.

Là-dessus, elle sortit vitement des abords de la carrière, et partit de son pied léger.

Landry était comme affolé, et il eut envie de courir après elle. Il s'y reprit à trois fois avant de se décider à redescendre du côté de la rivière. Enfin, sentant que le diable était après lui, il se mit à courir aussi et ne s'arrêta qu'à la Priche.

Le lendemain, quand il alla voir ses bœufs au petit jour, tout en les affenant et les câlinant, il pensait en lui-même à cette causerie d'une grande heure qu'il avait eue dans la carrière du Chaumois avec la petite Fadette, et qui lui avait paru comme un instant. Il avait encore la tête alourdie par le sommeil et par la fatigue d'esprit d'une journée si différente de celle qu'il aurait dû passer. Et il se sentait tout troublé et comme épeuré de ce qu'il avait senti pour cette fille, qui lui revenait devant les yeux, laide et de mauvaise tenue, comme il l'avait toujours connue. Il s'imaginait par moment avoir rêvé le souhait qu'il avait fait de l'embrasser, et le contentement qu'il avait eu de la serrer contre son cœur, comme s'il avait senti un grand amour pour elle, comme si elle lui avait paru tout d'un coup plus belle et plus aimable que pas une fille sur terre.

— Il faut qu'elle soit charmeuse comme on le dit, bien qu'elle s'en défende, pensait-il, car pour sûr elle m'a ensorcelé l'autre soir, et jamais, dans toute ma vie, je n'ai senti pour père, mère, sœur ou frère, non pas certes pour la belle Madelon, et non pas même pour mon cher besson Sylvinet, un élan d'amitié pareil à celui que, pendant deux ou trois minutes, cette diablesse m'a causé. S'il avait pu voir ce que j'avais dans le cœur, mon pauvre Sylvinet, c'est du coup qu'il aurait été mangé par la jalousie. Car l'attache que j'avais pour Madelon ne faisait point de tort à mon frère, au lieu que si je devais rester seulement tout un jour affolé et enflammé comme je l'ai été pour un moment à côté de cette Fadette, j'en deviendrais insensé et je ne connaîtrais plus qu'elle dans le monde.

Et Landry se sentait comme étouffé de honte, de fatigue et d'impatience. Il s'asseyait sur la crèche de ses bœufs, et avait peur que la charmeuse ne lui eût ôté le courage, la raison et la santé.

Mais, quand le jour fut un peu grand et que les laboureurs de la Priche furent levés, ils se mirent à le plaisanter sur sa danse avec le vilain grelet ; et ils la firent si laide, si mal élevée ; si mal attifée dans leurs moqueries, qu'il ne savait où se cacher, tant il avait de honte, non-seulement de ce qu'on avait vu, mais de ce qu'il se gardait bien de faire connaître.

Il ne se fâcha pourtant point, parce que les gens de la Priche étaient tous ses amis et ne mettaient point de mauvaise intention dans leurs taquineries. Il eut même le courage de leur dire que la petite Fadette n'était pas ce qu'on croyait, qu'elle en valait bien d'autres, et qu'elle était capable de rendre de grands services. Là-dessus, on le railla encore.

— Sa mère, je ne dis pas, firent-ils ; mais elle, c'est un enfant qui ne sait rien, et si tu as une bête malade, je ne te conseille pas de suivre ses remèdes, car c'est une petite bavarde qui n'a pas le moindre secret pour guérir. Mais elle a celui d'endormir les gars, à ce qu'il paraît, puisque tu ne l'as guère quittée à la Saint-Andoche, et tu feras bien d'y prendre garde, mon pauvre Landry ; car on t'appellerait bientôt le grelet de la grelette, et le follet de la Fadette. Le diable se mettrait après toi. Georgeon viendrait tirer nos draps de lit et boucler le crin de notre chevaline. Nous serions obligés de te faire exorciser.

— Je crois bien, disait la petite Solange, qu'il aura mis un de ses bas à l'envers hier matin. Ça attire les sorciers, et la petite Fadette s'en est bien aperçue.

XXI.

Sur le jour, Landry, étant occupé à la couvraille, vit passer la petite Fadette. Elle marchait vite et allait du côté d'une taille où Madelon faisait de la feuille pour ses moutons. C'était l'heure de délier les bœufs, parce qu'ils avaient fait leur demi-journée ; et Landry, en les reconduisant au pacage, regardait toujours courir la petite Fadette, qui marchait si légère qu'on ne la voyait point fouler l'herbe. Il était curieux de savoir ce qu'elle allait dire à Madelon, et, au lieu de se presser d'aller manger sa soupe, qui l'attendait dans le sillon encore chaud du fer de la charrue, il s'en alla doucement le long de la taille, pour écouter ce que tramaient ensemble ces deux jeunesses. Il ne pouvait les voir, et, comme Madelon marmottait des réponses d'une voix sourde, il ne savait point ce qu'elle disait ; mais la voix de la petite Fadette, pour être douce, n'en était pas moins claire, et il ne perdait pas une de ses paroles, encore qu'elle ne criât point du tout. Elle parlait de lui à la Madelon, et elle lui faisait connaître, ainsi qu'elle l'avait promis à Landry, la parole qu'elle lui avait prise, dix mois auparavant, d'être à commandement pour une chose dont elle le requerrait à son plaisir. Et elle expliquait cela si humblement et si gentillement que c'était plaisir de l'entendre. Et puis, sans parler du follet ni de la peur que Landry en avait eue, elle conta qu'il avait manqué de se noyer en prenant à faux le gué des Roulettes, la veille de Saint-Andoche. Enfin, elle exposa du bon côté tout ce qui en était, et elle démontra que tout le mal venait de la fantaisie et de la vanité qu'elle avait eues de danser avec un grand gars, elle qui n'avait jamais dansé qu'avec les petits.

Là-dessus, la Madelon, comme écolérée, éleva la voix pour dire : — Qu'est-ce que me fait tout cela ? Danse toute ta vie avec les bessons de la Bessonnière, et ne crois pas, grelet, que tu me fasses le moindre tort, ni la moindre envie.

Et la Fadette reprit : — Ne dites pas des paroles si dures pour le pauvre Landry, Madelon, car Landry vous a donné son cœur, et si vous ne voulez le prendre, il en aura tant de chagrin que je ne saurais dire. — Et pourtant elle le dit, et en si jolies paroles, avec un ton si caressant et en donnant à Landry de telles louanges, qu'il aurait voulu retenir toutes ses façons de parler pour s'en servir à l'occasion, et qu'il rougissait d'aise en s'entendant approuver de la sorte.

La Madelon s'étonna aussi pour sa part du joli parler de la petite Fadette ; mais elle la dédaignait trop pour le lui témoigner. — Tu as une belle jappe et une fière hardiesse, lui dit-elle, et on dirait que ta grand'mère t'a fait une leçon pour essayer d'enjôler le monde ; mais je n'aime pas à causer avec les sorcières, ça porte malheur, et je te prie de me laisser, grelet cornu. Tu as trouvé un galant, garde-le, ma mignonne, car c'est le premier et le dernier qui aura fantaisie pour ton vilain museau. Quant à moi, je ne voudrais pas de ton reste, quand même ça serait le fils du roi. Ton Landry n'est qu'un sot, et il faut qu'il soit bien peu de chose, puisque, croyant me l'avoir enlevé, tu viens me prier déjà de le reprendre. Voilà un beau galant pour moi, dont la petite Fadette elle-même ne se soucie point !

— Si c'est là ce qui vous blesse, répondit la Fadette d'un ton qui alla jusqu'au fin fond du cœur de Landry, et si vous êtes fière à ce point de ne vouloir être juste qu'après m'avoir humiliée, contentez-vous donc, et mettez sous vos pieds, belle Madelon, l'orgueil et le courage du pauvre grelet des champs. Vous croyez que je dédaigne Landry et que, sans cela, je ne vous prierais pas de lui pardonner. Eh bien, sachez, si cela vous plaît, que je l'aime depuis longtemps déjà : que c'est le seul garçon auquel j'aie jamais pensé, et peut-être celui à qui je penserai toute ma vie, mais que je suis trop raisonnable et trop fière aussi pour jamais penser à m'en faire aimer. Je sais ce qu'il est, et je sais ce que je suis. Il est beau, riche et considéré ; je suis laide, pauvre et méprisée. Je sais donc très-bien qu'il n'est point pour moi, et vous avez dû voir comme il me dédaignait à la fête. Alors, soyez donc satisfaite, puisque celui que la petite Fadette n'ose pas seulement regarder vous voit avec des yeux remplis d'amour. Punissez la petite Fadette en vous moquant d'elle et en lui reprenant celui qu'elle n'oserait vous disputer. Que si ce n'est par amitié pour lui, ce soit au moins pour punir mon insolence ; et promettez-moi, quand il reviendra s'excuser auprès de vous, de le bien recevoir et de lui donner un peu de consolation.

Au lieu d'être apitoyée par tant de soumission et de dévouement, la Madelon se montra très-dure, et renvoya la petite Fadette en lui disant toujours que Landry était bien ce qu'il lui fallait, et que, quant à elle, elle le trouvait trop enfant et trop sot. Mais le grand sacrifice que la Fadette avait fait d'elle-même porta son fruit, en dépit des rebuffades de la belle Madelon. Les femmes ont le cœur fait en cette mode, qu'un jeune gars commence à leur paraître un homme sitôt qu'elles le voient estimé et choyé par d'autres femmes. La Madelon, qui n'avait jamais pensé bien sérieusement à Landry, se mit à y penser beaucoup, aussitôt qu'elle eut renvoyé la Fadette. Elle se remémora tout ce que cette belle parleuse lui avait dit de l'amour de Landry, et en songeant que la Fadette en était éprise au point d'oser le lui avouer, elle se gloriffa de pouvoir tirer vengeance de cette pauvre fille.

Elle alla, le soir, à la Priche, dont sa demeurance n'était éloignée que de deux ou trois portées de fusil, et, sous couleur de chercher une de ses bêtes qui s'était mêlée aux champs avec celles de son oncle, elle se fit voir à Landry, et de l'œil, l'encouragea à s'approcher d'elle pour lui parler.

Landry s'en aperçut très-bien ; car, depuis que la petite Fadette s'en mêlait, il était singulièrement dégourdi d'esprit. — La Fadette est sorcière, pensa-t-il ; elle m'a rendu les bonnes grâces de Madelon, et elle a plus fait pour moi, dans une causette d'un quart d'heure, que je n'aurais su faire dans une année. Elle a un esprit merveilleux et un cœur comme le bon Dieu n'en fait pas souvent.

Et, en pensant à cela, il regardait Madelon, mais si tranquillement qu'elle se retira sans qu'il se fût encore décidé de lui parler. Ce n'est point qu'il fût honteux devant elle ; sa honte s'était envolée sans qu'il sût comment, mais, avec la honte, le plaisir qu'il avait eu à la voir, et aussi l'envie qu'il avait eue de s'en faire aimer.

A peine eut-il soupé qu'il fit mine d'aller dormir. Mais il sortit de son lit par la ruelle, glissa le long des murs et s'en fut droit au gué des Roulettes. Le feu follet y faisait encore sa petite danse ce soir-là. Du plus loin qu'il le vit sautiller, Landry pensa : C'est tant mieux, voici le fadet, la Fadette n'est pas loin. Et il passa le gué sans avoir peur, sans se tromper, et il alla jusqu'à la maison de la mère Fadet, furetant et regardant de tous côtés. Mais il y resta un bon moment sans voir de lumière et sans entendre aucun bruit. Tout le monde était couché. Il espéra que le grelet, qui sortait souvent le soir après que sa grand'mère et son sauteriot étaient endormis, vaguerait quelque part aux environs. Il se mit à vaguer de son côté. Il traversa la Joncière, il alla à la carrière du Chaumois, sifflant et chantant pour se faire remarquer ; mais il ne rencontra que le blaireau qui fuyait dans les chaumes, et la chouette qui sifflait sur son arbre. Force lui fut de rentrer sans avoir pu remercier la bonne amie qui l'avait si bien servi.

XXII.

Toute la semaine se passa sans que Landry pût rencontrer la Fadette, de quoi il était bien étonné et bien soucieux. — Elle va croire encore que je suis ingrat, pensait-il, et pourtant, si je ne la vois point, ce n'est pas faute de l'attendre et de la chercher. Il faut que je lui aie fait de la peine en l'embrassant quasi malgré elle dans la carrière, et pourtant ce n'était pas à mauvaise intention, ni dans l'idée de l'offenser.

Et il songea durant cette semaine plus qu'il n'avait songé dans toute sa vie ; il ne voyait pas clairement dans sa propre cervelle, mais il était pensif et agité, et il était obligé de se forcer pour travailler ; car, ni les grands bœufs, ni la charrue reluisante, ni la belle terre rouge, humide de la fine pluie d'automne, ne suffisaient plus à ses contemplations et à ses rêvasseries.

Il alla voir son besson le jeudi soir, et il le trouva soucieux comme lui. Sylvinet était un caractère différent du sien, mais pareil quelquefois par le contre-coup. On aurait dit qu'il devinait que quelque chose avait troublé la tranquillité de son frère, et pourtant il était loin de se douter de ce que ce pouvait être. Il lui demanda s'il avait fait la paix avec Madelon, et, pour la première fois, en lui disant que oui, Landry lui fit volontairement un mensonge. Le fait est que Landry n'avait pas dit un mot à Madelon, et qu'il pensait avoir le temps de le lui dire ; rien ne le pressait.

Enfin vint le dimanche, et Landry arriva des premiers à la messe. Il entra avant qu'elle fût sonnée, sachant que la petite Fadette avait coutume d'y venir dans ce moment-là, parce qu'elle faisait toujours de longues prières, dont un chacun se moquait. Il vit une petite, agenouillée dans la chapelle de la sainte Vierge, et qui, tournant le dos, cachait sa figure dans ses mains pour prier avec recueillement. C'était bien la posture de la petite Fadette, mais ce n'était ni son coiffage, ni sa tournure, et Landry ressortit pour voir s'il ne la trouverait point sous le porche, qu'on appelle chez nous une guenillière, à cause que les gredots peilleroux, qui sont mendiants loqueteux, s'y tiennent pendant les offices.

Les guenilles de la Fadette furent les seules qu'il n'y vit point, il entendit la messe sans l'apercevoir, et ce ne fut qu'à la préface que, regardant encore cette fille qui priait si dévotement dans la chapelle, il lui vit lever la tête et reconnut son grelet, dans un habillement et un air tout nouveaux pour lui. C'était bien toujours son pauvre dressage, son jupon de droguet, son devanteau rouge et sa coiffe de linge sans dentelle ; mais elle avait reblanchi, recoupé et recousu tout cela dans le courant de la semaine. Sa robe était plus longue et tombait plus convenablement sur ses bas, qui étaient bien blancs, ainsi que sa coiffe, laquelle avait pris la forme nouvelle et s'attachait gentillement sur ses cheveux noirs bien lissés ; son fichu était neuf et d'une jolie couleur jaune doux qui faisait valoir sa peau brune. Elle avait aussi rallongé son corsage, et, au lieu d'avoir l'air d'une pièce de bois habillée, elle avait la taille fine et ployante comme le corps d'une belle mouche à miel. De plus, je ne sais pas avec quelle mixture de fleurs ou d'herbes elle avait lavé pendant huit jours son visage et ses mains, mais sa figure pâle et ses mains mignonnes avaient l'air aussi net et aussi doux que la blanche épine du printemps.

Landry, la voyant si changée, laissa tomber son livre d'heures, et, au bruit qu'il fit, la petite Fadette se retourna tout à fait et le regarda, tout en même temps qu'il la regardait. Et elle devint un peu rouge, pas plus que la petite rose des buissons ; mais cela la fit paraître quasi belle, d'autant plus que ses yeux noirs, auxquels jamais personne n'avait pu trouver à redire, laissèrent échapper un feu si clair qu'elle en parut transfigurée. Et Landry pensa encore : Elle est sorcière ; elle a voulu devenir belle de laide qu'elle était, et la voilà belle par miracle. Il en fut comme transi de peur, et sa peur ne l'empêchait pourtant point d'avoir une telle envie de s'approcher d'elle et de lui parler, que, jusqu'à la fin de la messe, le cœur lui en sauta d'impatience.

Mais elle ne le regarda plus, et, au lieu de se mettre à courir et à folâtrer avec les enfants après sa prière, elle s'en alla si discrètement qu'on eut à peine le temps de la voir si changée et si amendée. Landry n'osa pas la suivre, d'autant que Sylvinet ne le quittait point des yeux ; mais, au bout d'une heure, il réussit à s'échapper, et, cette fois, le cœur le poussant et le dirigeant, il trouva la petite Fadette qui gardait sagement ses bêtes dans le petit chemin creux qu'on appelle la *Traine-au-Gendarme*, parce qu'un gendarme du roi y a été tué par les gens de la Cosse, dans les anciens temps, lorsqu'on voulait forcer le pauvre monde à payer la taille et à faire la corvée, contrairement aux termes de la loi, qui était déjà bien assez dure, telle qu'on l'avait donnée.

XXIII.

Comme c'était dimanche, la petite Fadette ne cousait ni ne filait en gardant ses ouailles. Elle s'occupait à un amusement tranquille que les enfants de chez nous prennent quelquefois bien sérieusement. Elle cherchait le trèfle à quatre feuilles, qui se trouve bien rarement et qui porte bonheur à ceux qui peuvent mettre la main dessus.

— L'as-tu trouvé, Fanchon ? lui dit Landry aussitôt qu'il fut à côté d'elle.

— Je l'ai trouvé souvent, répondit-elle ; mais cela ne porte point bonheur comme on croit, et rien ne me sert d'en avoir trois brins dans mon livre.

Landry s'assit auprès d'elle, comme s'il allait se mettre à causer. Mais voilà que tout d'un coup il se sentit plus honteux qu'il ne l'avait jamais été auprès de Madelon, et que, pour avoir eu intention de dire bien des choses, il ne put trouver un mot.

La petite Fadette prit honte aussi, car si le besson ne lui disait rien, du moins il la regardait avec des yeux étranges. Enfin, elle lui demanda pourquoi il paraissait étonné de la regarder.

— A moins, dit-elle, que ce ne soit à cause que j'ai arrangé mon coiffage. En cela j'ai suivi ton conseil, et j'ai pensé que, pour avoir l'air raisonnable, il fallait commencer par m'habiller raisonnablement. Aussi, je n'ose pas me montrer, car j'ai peur qu'on ne m'en fasse encore reproche, et qu'on ne dise que j'ai voulu me rendre moins laide sans y réussir.

— On dira ce qu'on voudra, dit Landry, mais je ne sais pas ce que tu as fait pour devenir jolie ; la vérité est que tu l'es aujourd'hui, et qu'il faudrait se crever les yeux pour ne point le voir.

— Ne te moque pas, Landry, reprit la petite Fadette. On dit que la beauté tourne la tête aux belles, et que la laideur fait la désolation des laides. Je m'étais habituée à faire peur, et je ne voudrais pas devenir sotte en croyant faire plaisir. Mais ce n'est pas de cela que tu venais me parler, et j'attends que tu me dises si la Madelon t'a pardonné.

— Je ne viens pas pour te parler de la Madelon. Si elle m'a pardonné, je n'en sais rien et ne m'en informe point. Seulement, je sais que tu lui as parlé, et si bien parlé que je t'en dois grand remerciement.

— Comment sais-tu que je lui ai parlé? Elle te l'a donc dit? En ce cas, vous avez fait la paix?

— Nous n'avons point fait la paix; nous ne nous aimions pas assez, elle et moi, pour être en guerre. Je sais que tu lui as parlé, parce qu'elle l'a dit à quelqu'un qui me l'a rapporté.

La petite Fadette rougit beaucoup, ce qui l'embellit encore, car jamais jusqu'à ce jour-là elle n'avait eu sur les joues cette honnête couleur de crainte et de plaisir qui enjolive les plus laides; mais, en même temps, elle s'inquiéta en songeant que la Madelon avait dû répéter ses paroles, et la donner en risée pour l'amour dont elle s'était confessée au sujet de Landry.

— Qu'est-ce que la Madelon a donc dit de moi? demanda-t-elle.

— Elle a dit que j'étais un grand sot, qui ne plaisait à aucune fille, pas même à la petite Fadette; que la petite Fadette me méprisait, me fuyait, s'était cachée toute la semaine pour ne me point voir, quoique, toute la semaine, j'eusse cherché et couru de tous côtés pour rencontrer la petite Fadette. C'est donc moi qui suis la risée du monde, Fanchon, parce que l'on sait que je t'aime et que tu ne m'aimes point.

— Voilà de méchants propos, répondit la Fadette tout étonnée, car elle n'était pas assez sorcière pour deviner que dans ce moment-là Landry était plus fin qu'elle; je ne croyais pas la Madelon si menteuse et si perfide. Mais il faut lui pardonner cela, Landry, car c'est le dépit qui la fait parler, et le dépit c'est l'amour.

— Peut-être bien, dit Landry, c'est pourquoi tu n'as point de dépit contre moi, Fanchon. Tu me pardonnes tout, parce que, de moi, tu méprises tout.

— Je n'ai point mérité que tu me dises cela, Landry; non, vrai, je ne l'ai pas mérité. Je n'ai jamais été assez folle pour dire la menterie qu'on me prête. J'ai parlé autrement à Madelon. Ce que je lui ai dit n'était que pour elle, mais ne pouvait te nuire, bien au contraire, lui prouver l'estime que je faisais de toi.

— Écoute, Fanchon, dit Landry, ne disputons pas sur ce que tu as dit, ou sur ce que tu n'as point dit. Je veux te consulter, toi qui es savante. Dimanche dernier, dans la carrière, j'ai pris pour toi, sans savoir comment cela m'est venu, une amitié si forte que de toute la semaine je n'ai mangé ni dormi mon saoul. Je ne veux rien te cacher, parce qu'avec une fille aussi fine que toi, ça serait peine perdue. J'avoue donc que j'ai eu honte de mon amitié le lundi matin, et j'aurais voulu m'en aller bien loin pour ne plus retomber dans cette folie. Mais lundi soir, j'y étais déjà retombé si bien, que j'ai passé le gué à la nuit sans m'inquiéter du follet, qui aurait voulu m'empêcher de te chercher, car il était encore là, et quand il m'a fait sa méchante risée, je la lui ai rendue. Depuis lundi, tous les matins, je suis comme imbécile, parce que l'on me plaisante sur mon goût pour toi; et, tous les soirs, je suis comme fou, parce que je sens mon goût plus fort que la mauvaise honte. Et voilà qu'aujourd'hui je te vois gentille et de si sage apparence que tout le monde va s'en étonner aussi, et qu'avant quinze jours, si tu continues comme cela, non-seulement on me pardonnera d'être amoureux de toi, mais encore il y en aura d'autres qui le seront bien fort. Je n'aurai donc pas de mérite à t'aimer; tu ne me devras guère de préférence. Pourtant, si tu te souviens de dimanche dernier, jour de la Saint-Andoche, tu te souviendras aussi que je t'ai demandé, dans la carrière, la permission de t'embrasser, et que je l'ai fait avec autant de cœur que si tu n'avais pas été réputée laide et haïssable. Voilà tout mon droit, Fadette. Dis-moi si cela peut compter, et si la chose te fâche au lieu de te persuader.

La petite Fadette avait mis sa figure dans ses deux mains, et elle ne répondit point. Landry croyait par ce qu'il avait entendu de son discours à la Madelon, qu'il était aimé d'elle, et il faut dire que cet amour-là lui avait fait tant d'effet qu'il avait commandé tout d'un coup le sien. Mais, en voyant la pose honteuse et triste de cette petite, il commença à craindre qu'elle n'eût fait un conte à la Madelon, pour, par bonne intention, faire réussir le raccommodement qu'elle négociait. Cela le rendit encore plus amoureux, et il en prit du chagrin. Il lui ôta ses mains du visage, et la vit si pâle qu'on eût dit qu'elle allait mourir; et, comme il lui reprochait vivement de ne pas répondre à l'affolement qu'il se sentait pour elle, elle se laissa aller sur la terre, joignant ses mains et soupirant, car elle était suffoquée et tombait en faiblesse.

XXIV.

Landry eut bien peur, et lui frappa dans les mains pour la faire revenir. Ses mains étaient froides comme des glaçons et raides comme du bois. Il les échauffa et les frotta bien longtemps dans les siennes, et quand elle put retrouver la parole, elle lui dit:

— Je crois que tu te fais un jeu de moi, Landry. Il y a des choses dont il ne faut pourtant point plaisanter. Je te prie donc de me laisser tranquille et de ne me parler jamais, à moins que tu n'aies quelque chose à me demander, auquel cas je serai toujours à ton service.

— Fadette, Fadette, dit Landry, ce que vous dites là n'est point bon. C'est vous qui vous êtes jouée de moi. Vous me détestez, et pourtant vous m'avez fait croire autre chose.

— Moi! dit-elle tout affligée. Qu'est-ce que je vous ai donc fait accroire? Je vous ai offert et donné une bonne amitié comme celle que votre besson a pour vous, et peut-être meilleure; car, moi, je n'avais pas de jalousie, et, au lieu de vous traverser dans vos amours, je vous y ai servi.

— C'est la vérité, dit Landry. Tu as été bonne comme le bon Dieu, et c'est moi qui ai tort de te faire des reproches. Pardonne-moi, Fanchon, et laisse-moi t'aimer comme je pourrai. Ce ne sera peut-être pas aussi tranquillement que j'aime mon besson ou ma sœur Nanette, mais je te promets de ne plus chercher à t'embrasser si cela te répugne.

Et, faisant retour sur lui-même, Landry s'imagina qu'en effet la petite Fadette n'avait pour lui que de l'amitié bien tranquille; et, parce qu'il n'était ni vain ni fanfaron, il se trouva aussi craintif et aussi peu avancé auprès d'elle que s'il n'eût point entendu de ses deux oreilles ce qu'elle avait dit de lui à la belle Madelon.

Quant à la petite Fadette, elle était assez fine pour connaître enfin que Landry était bel et bien amoureux comme un fou, et c'est pour le trop grand plaisir qu'elle en avait qu'elle s'était trouvée comme en pâmoison pendant un moment. Mais elle craignait de perdre trop vite un bonheur si vite gagné; à cause de cette crainte, elle voulait donner à Landry le temps de souhaiter vivement son amour.

Il resta auprès d'elle jusqu'à la nuit, car, encore qu'il n'osât plus lui conter fleurette, il en était si épris et il prenait tant de plaisir à la voir et à l'écouter parler, qu'il ne pouvait se décider à la quitter un moment. Il joua avec le sauteriot, qui n'était jamais loin de sa sœur, et qui vint bientôt les rejoindre. Il se montra bon pour lui, et s'aperçut bientôt que ce pauvre petit, si maltraité par tout le monde, n'était ni sot ni méchant avec qui le traitait bien; mêmement, au bout d'une heure, il était si bien apprivoisé et si reconnaissant qu'il embrassait les mains du besson et l'appelait mon Landry, comme il appelait sa sœur ma Fanchon; et Landry était compassionné et attendri pour lui, trouvant tout le monde et lui-même dans le passé bien coupables envers les deux pauvres enfants de la mère Fadette, lesquels n'avaient besoin, pour être les meilleurs de tous, que d'être un peu aimés comme les autres.

Le lendemain et les jours suivants, Landry réussit à voir la petite Fadette, tantôt le soir, et alors il pouvait causer un peu avec elle, tantôt le jour, en la rencontrant dans la campagne: et encore qu'il ne pût s'arrêter longtemps, ne voulant point et ne sachant point manquer à son devoir, il était content de lui avoir dit quatre ou cinq mots de tout son cœur et de l'avoir regardée de tous ses yeux. Et elle continuait à être gentille dans son parler, dans son habillement et dans ses manières avec tout le monde : ce qui fit que tout le monde y prit garde, et que bientôt on changea de ton et de manières avec elle.

Comme elle ne faisait plus rien qui ne fût à propos, on ne l'injuria plus, et, comme elle ne s'entendit plus injurier, elle n'eut plus tentation d'invectiver, ni de chagriner personne. Mais, comme l'opinion des gens ne tourne pas aussi vite que nos résolutions, il devait encore s'écouler du temps avant qu'on passât pour elle du mépris à l'estime et de l'aversion au bon vouloir. On vous dira plus tard comment se fit ce changement ; quant à, présent, vous pouvez bien vous imaginer vous-même qu'on ne donna pas grosse part d'attention au rangement de la petite Fadette. Quatre ou cinq bons vieux et bonnes vieilles, de ceux qui regardent s'élever la jeunesse avec indulgence, et qui sont, dans un endroit, comme les pères et mères à tout le monde, devisaient quelquefois entre eux sous les noyers de la Cosse, en regardant tout ce petit ou jeune monde grouillant autour d'eux, ceux-ci jouant aux quilles, ceux-là dansant. Et les vieux disaient : — Celui-ci sera un beau soldat s'il continue, car il a le corps trop bon pour réussir à se faire exempter ; celui-là sera finet et entendu comme son père ; cet autre aura bien la sagesse et la tranquillité de sa mère ; voilà une jeune Lucette qui promet une bonne servante de ferme ; voici une grosse Louise qui plaira à plus d'un , et quant à cette petite Marion , laissez-la grandir, et la raison lui viendra bien comme aux autres.

Et , quand ce venait au tour de la petite Fadette à être examinée ni jugée :

— La voilà qui s'en va bien vite, disait-on , sans vouloir chanter ni danser. On ne la voit plus depuis la Saint-Andoche. Il faut croire qu'elle a été grandement choquée de ce que les enfants d'ici l'ont découffée à la danse ; aussi a-t-elle changé son grand calot , et à présent on dirait qu'elle n'est pas plus vilaine qu'une autre.

— Avez-vous fait attention comme la peau lui a blanchi depuis un peu de temps? disait une fois la mère Couturier. Elle avait la figure comme un œuf de caille, à force qu'elle était couverte de taches de rousseur ; et la dernière fois que je l'ai vue de près, je me suis étonnée de la trouver si blanche, et mêmement si pâle que je lui ai demandé si elle n'avait point eu la fièvre. A la voir comme elle est maintenant , on dirait qu'elle pourra se refaire ; et , qui sait? il y en a eu de laides qui devenaient belles en prenant dix-sept ou dix-huit ans.

— Et puis la raison vient, dit le père Naubin, et une fille qui s'en ressent apprend à se rendre élégante et agréable. Il est bien temps que le grelet s'aperçoive qu'elle n'est point un garçon. Mon Dieu , on pensait qu'elle tournerait si mal que ça serait une honte pour l'endroit. Mais elle se rangera et s'amendera comme les autres. Elle sentira bien qu'elle doit se faire pardonner d'avoir eu une mère si blâmable , et vous verrez qu'elle ne fera point parler d'elle.

— Dieu veuille, dit la mère Courtillet, car c'est vilain qu'une fille ait l'air d'un cheval échappé ; mais j'en espère aussi de cette Fadette, car je l'ai rencontrée devant z'hier, et au lieu qu'elle se mettait toujours derrière moi à contrefaire ma boiterie, elle m'a dit bonjour et demandé mon portement avec beaucoup d'honnêteté.

— Cette petite-là dont vous parlez est plus folle que méchante, dit le père Henri. Elle n'a point mauvais cœur, c'est moi qui vous le dis ; à preuve qu'elle a souvent gardé mes petits enfants aux champs avec elle, par pure complaisance, quand ma fille était malade ; et elle les soignait très-bien , et ils ne la voulaient plus quitter.

— C'est-il vrai ce qu'on m'a raconté, reprit la mère Couturier, qu'un des bessons au père Barbeau s'en était affolé à la dernière Saint-Andoche?

— Allons donc ! répondit le père Naubin ; il ne faut pas prendre ça au sérieux. C'était une amusette d'enfants, et les Barbeau ne sont point bêtes, les enfants pas plus que le père ni la mère, entendez-vous?

Ainsi devisait-on sur la petite Fadette, et le plus souvent on n'y pensait mie, parce qu'on ne la voyait presque plus.

XXV.

Mais qui la voyait souvent et faisait grande attention à elle, c'était Landry Barbeau. Il en était comme enragé en lui-même, quand il ne pouvait lui parler à son aise ; mais sitôt qu'il se trouvait un moment avec elle, il était apaisé et content de lui, parce qu'elle lui enseignait la raison et le consolait dans toutes ses idées. Elle jouait avec lui un petit jeu qui était peut-être entaché d'un peu de coquetterie ; du moins, il le pensait quelquefois ; mais comme son motif était l'honnêteté, et qu'elle ne voulait point de son amour, à moins qu'il n'eût bien tourné et retourné la chose dans son esprit, il n'avait point droit de s'en offenser. Elle ne pouvait pas le suspecter de la vouloir tromper sur la force de cet amour-là, car c'était une espèce d'amour comme on n'en voit pas souvent chez les gens de campagne, lesquels aiment plus patiemment que ceux des villes. Et justement Landry était un caractère patient plus que d'autres, jamais on n'aurait pu présager qu'il se laisserait brûler si fort à la chandelle, et qui l'eût su (car il le cachait bien) s'en fût grandement émerveillé. Mais la petite Fadette, voyant qu'il s'était donné à elle si entièrement et si subitement, avait peur que ce ne fût feu de paille, ou bien encore qu'elle-même prenant feu du mauvais côté, la chose n'allât plus loin entre eux que l'honnêteté ne permet à deux enfants qui ne sont point encore en âge d'être mariés, du moins au dire des parents et de la prudence : car l'amour n'attend guère, et, quand une fois il s'est mis dans le sang de deux jeunesses, c'est miracle s'il attend l'approbation d'autrui.

Mais la petite Fadette, qui avait été dans son apparence plus longtemps enfant qu'une autre, possédait au dedans une raison et une volonté bien au-dessus de son âge. Pour que cela fût, il fallait qu'elle eût un esprit d'une fière force, car son cœur était aussi ardent, et plus encore peut-être que le cœur et le sang de Landry. Elle l'aimait comme une folle, et pourtant elle se conduisait avec une grande sagesse ; car si le jour, la nuit, à toute heure de son temps, elle pensait à lui et séchait d'impatience de le voir et d'envie de le caresser, aussitôt qu'elle le voyait elle prenait un air tranquille, lui parlait raison, feignait même de ne point encore connaître le feu d'amour, et ne lui permettait pas de lui serrer la main plus haut que le poignet.

Et Landry, qui, dans les endroits retirés où ils se trouvaient souvent ensemble, et mêmement quand la nuit était bien noire, aurait pu s'oublier jusqu'à ne plus se soumettre à elle, tant il était ensorcelé, craignant pourtant si fort de lui déplaire, et se tenait pour si peu certain d'être aimé d'amour, qu'il vivait aussi innocemment avec elle que si elle eût été sa sœur, et lui Jeannet, le petit sauteriot.

Pour le distraire de l'idée qu'elle ne voulait point encourager, elle l'instruisait dans les choses qu'elle savait, et dans lesquelles son esprit et son talent naturel avaient surpassé l'enseignement de sa grand'mère. Elle ne voulait faire mystère de rien à Landry, et comme il avait toujours un peu peur de la sorcellerie, elle mit tous ses soins à lui faire comprendre que le diable n'était pour rien dans les secrets de son savoir.

— Va, Landry, lui dit-elle un jour, tu n'as que faire de l'intervention du mauvais esprit. Il n'y a qu'un esprit et il est bon, car c'est celui de Dieu. Lucifer est de l'invention de M. le curé, et Georgeon de l'invention des vieilles commères de campagne. Quand j'étais toute petite, j'y croyais, et j'avais peur des maléfices de ma grand'mère. Mais elle se moquait de moi, car l'on a bien raison de dir que si quelqu'un doute de tout, c'est celui qui fait tout croire aux autres, et que personne ne croit moins à Satan que les sorciers qui feignent de l'invoquer à tout propos. Ils savent bien qu'ils ne l'ont jamais vu et qu'ils n'ont jamais reçu de lui aucune assistance. Ceux qui ont été assez simples pour y croire et pour l'appeler n'ont jamais pu le faire venir, à preuve le meunier de la Passe-aux-Chiens, qui, comme ma grand'mère me l'a raconté, s'en allait aux quatre chemins avec une grosse

Landry trouva la chose bien mauvaise et attrapa le gamin. (Page 23.)

trique, pour appeler le diable, et lui donner, disait-il, une bonne vannée. Et on l'entendait crier dans la nuit : Viendras-tu, figure de loup? Viendras-tu, chien enragé? Viendras-tu, Georgeon du diable? Et jamais Georgeon ne vint. Si bien que ce meunier en était devenu quasi fou de vanité, disant que le diable avait peur de lui.

— Mais, disait Landry, ce que tu crois là, que le diable n'existe point, n'est pas déjà trop chrétien, ma petite Fanchon.

— Je ne peux pas disputer là-dessus, répondit-elle; mais s'il existe, je suis bien assurée qu'il n'a aucun pouvoir pour venir sur la terre nous abuser et nous demander notre âme pour la retirer du bon Dieu. Il n'aurait pas tant d'insolence, et, puisque la terre est au bon Dieu, il n'y a que le bon Dieu qui puisse gouverner les choses et les hommes qui s'y trouvent.

Et Landry, revenu de sa folle peur, ne pouvait pas s'empêcher d'admirer combien, dans toutes ses idées et dans toutes ses prières, la petite Fadette était bonne chrétienne. Mêmement elle avait une dévotion plus jolie que celle des autres. Elle aimait Dieu avec tout le feu de son cœur, car elle avait en toutes choses la tête vive et le cœur tendre; et quand elle parlait de cet amour-là à Landry, il se sentait tout étonné d'avoir été enseigné à dire des prières et à suivre des pratiques qu'il n'avait jamais pensé à comprendre, et où il se portait respectueusement de sa personne par l'idée de son devoir, sans que son cœur se fût jamais échauffé d'amour pour son Créateur, comme celui de la petite Fadette.

XXVI.

Tout en devisant et marchant avec elle, il apprit la propriété des herbes et toutes les recettes pour la guérison des personnes et des bêtes, il essaya bientôt l'effet des dernières sur une vache au père Caillaud, qui avait pris l'enflure pour avoir trop mangé de vert; et, comme le vétérinaire l'avait abandonnée, disant qu'elle n'en avait pas pour une heure, il lui fit boire un breuvage que la petite Fadette lui avait appris à composer. Il le fit secrètement; et, au matin, comme les laboureurs, bien contrariés de la perte d'une si belle vache, venaient la chercher pour la jeter dans un trou, ils la trouvèrent debout

Assez! Landry, assez! on dirait que tu m'embrasses de colère. (Page 27.)

et commençant à flairer la nourriture, ayant bon œil, et quasiment toute désenflée. Une autre fois, un poulain fut mordu de la vipère, et Landry, suivant toujours les enseignements de la petite Fadette, le sauva bien lestement. Enfin, il put essayer aussi le remède contre la rage sur un chien de la Priche, qui fut guéri et ne mordit personne. Comme Landry cachait de son mieux ses accointances avec la petite Fadette, il ne se vanta pas de sa science, et on n'attribua la guérison de ses bêtes qu'aux grands soins qu'il leur avait donnés. Mais le père Caillaud, qui s'y entendait aussi, comme tout bon fermier ou métayer doit le faire, s'étonna en lui-même, et dit :

—Le père Barbeau n'a pas de talent pour le bestiau, et mêmement il n'a point de bonheur ; car il en a beaucoup perdu l'an dernier, et ce n'était pas la première fois. Mais Landry y a la main très-heureuse, et c'est une chose avec laquelle on vient au monde. On l'a ou on ne l'a pas ; et, quand même on irait étudier dans les écoles comme les *artistes*, cela ne sert de rien si on n'y est adroit de naissance. Or je vous dis que Landry est adroit, et que son idée lui fait trouver ce qui convient. C'est un grand don de la nature qu'il a reçu, et ça lui vaudra mieux que du capital pour bien conduire une ferme.

Ce que disait là le père Caillaud n'était pas d'un homme crédule et sans raison, seulement il se trompait en attribuant un don de nature à Landry, Landry n'en avait pas d'autre que celui d'être soigneux et entendu à appliquer les recettes de son enseignement. Mais le don de nature n'est point une fable, puisque la petite Fadette l'avait, et qu'avec si peu de leçons raisonnables que sa grand'-mère lui avait données, elle découvrait et devinait comme qui invente, les vertus que le bon Dieu a mises dans certaines herbes et dans certaines manières de les employer. Elle n'était point sorcière pour cela, elle avait raison de s'en défendre ; mais elle avait l'esprit qui observe, qui fait des comparaisons, des remarques, des essais ; et cela c'est un don de nature, on ne peut pas le nier. Le père Caillaud poussait la chose un peu plus loin. Il pensait que tel bouvier ou tel laboureur a la main plus ou moins bonne, et que, par la seule vertu de sa présence dans l'étable, il fait du bien ou du mal aux animaux. Et pourtant comme il y a toujours un peu de vrai dans les plus fausses croyances, on doit accorder que les bons soins, la propreté, l'ouvrage fait en conscience, ont une vertu pour amener à bien ce que la négligence ou la bêtise font empirer.

Comme Landry avait toujours mis son idée et son goût dans ces choses-là, l'amitié qu'il avait conçue pour la Fadette s'augmenta de toute la reconnaissance qu'il lui dut pour son instruction et de toute l'estime qu'il faisait du talent de cette jeune fille. Il lui sut alors grand gré de l'avoir forcé à se distraire de l'amour dans les promenades et les entretiens qu'il faisait avec elle, et il reconnut aussi qu'elle avait pris plus à cœur l'intérêt et l'utilité de son amoureux, que le plaisir de se laisser courtiser et flatter sans cesse comme il l'eût souhaité d'abord.

Landry fut bientôt si épris qu'il avait mis tout à fait sous ses pieds la honte de laisser paraître son amour pour une petite fille réputée laide, mauvaise et mal élevée. S'il y mettait de la précaution, c'était à cause de son besson, dont il connaissait la jalousie et qui avait eu déjà un grand effort à faire accepter sans dépit l'amourette que Landry avait eue pour Madelon, amourette bien petite et bien tranquille au prix de ce qu'il sentait maintenant pour Fanchon Fadet.

Mais, si Landry était trop animé dans son amour pour y mettre de la prudence, en revanche, la petite Fadette, qui avait un esprit porté au mystère, et qui, d'ailleurs, ne voulait pas mettre Landry trop à l'épreuve des taquineries du monde, la petite Fadette, qui, en fin de compte, l'aimait trop pour consentir à lui causer des peines dans sa famille, exigea de lui un si grand secret qu'ils passèrent environ un an avant que la chose se découvrît. Landry avait habitué Sylvinet à ne plus surveiller tous ses pas et démarches, et le pays, qui n'est guère peuplé et qui est tout coupé de ravins et tout couvert d'arbres, est bien propice aux secrètes amours.

Sylvinet, voyant que Landry ne s'occupait plus de la Madelon, quoiqu'il eût accepté d'abord ce partage de son amitié comme un mal nécessaire rendu plus doux par la honte de Landry et la prudence de cette fille, se réjouit bien de penser que Landry n'était pas pressé de lui retirer son cœur pour le donner à une femme, et, la jalousie le quittant, il le laissa plus libre de ses occupations et de ses courses, les jours de fêtes et de repos. Landry ne manquait pas de prétextes pour aller et venir, et, le dimanche soir surtout, il quittait la Bessonnière de bonne heure et ne rentrait à la Priche que sur le minuit; ce qui lui était bien commode, parce qu'il s'était fait donner un petit lit dans le caphernion. Vous me reprendrez peut-être sur ce mot-là, parce que le maître d'école s'en fâche et veut qu'on dise *capharnaüm*; mais, s'il connaît le mot, il ne connaît point la chose, car j'ai été obligé de lui apprendre que c'était l'endroit de la grange voisin des étables, où l'on serre les jougs, les chaînes, les ferrages et épelettes de toute espèce qui servent aux bêtes de labour et aux instruments du travail de la terre. De cette manière, Landry pouvait rentrer à l'heure qu'il voulait sans réveiller personnne, et il avait toujours son dimanche à lui jusqu'au lundi matin, jour ce que le père Caillaud et son fils aîné, qui tous deux étaient des hommes très-sages, n'allant jamais dans les cabarets et ne faisant point noce de tous les jours fériés, avaient coutume de prendre sur eux tout le soin et toute la surveillance de la ferme ces jours-là; afin, disaient-ils, que toute la jeunesse de la maison, qui travaillait plus qu'eux dans la semaine, pût s'ébattre et se divertir en liberté, selon l'ordonnance du bon Dieu.

Et durant l'hiver, où les nuits sont si froides qu'on pourrait difficilement causer d'amour en pleins champs, il y avait pour Landry et la petite Fadette un bon refuge dans la tour à Jacot, qui est un ancien colombier de redevance, abandonné des pigeons depuis longues années, mais qui est bien couvert et bien fermé, et qui dépend de la ferme au père Caillaud. Mêmement il s'en servait pour y serrer le surplus de ses denrées, et comme Landry en avait la clef, et qu'il est situé sur les confins des terres de la Priche, non loin du gué des Roulettes, et dans le milieu d'une luzernière bien close, le diable eût

été fin s'il eût été surprendre là les entretiens de ces deux jeunes amoureux. Quand le temps était doux, ils allaient parmi les tailles, qui sont jeunes bois de coupe, et dont le pays est tout parsemé. Ce sont encore bonnes retraites pour les voleurs et les amants, et comme de voleurs il n'en est point dans notre pays, les amants en profitent, et n'y trouvent pas plus la peur de l'ennui.

XXVII.

Mais, comme il n'est secret qui puisse durer, voilà qu'un beau jour de dimanche, Sylvinet, passant le long du mur du cimetière, entendit la voix de son besson qui parlait à deux pas de lui, derrière le retour que faisait le mur. Landry parlait bien doucement : mais Sylvinet connaissait si bien sa parole, qu'il l'aurait devinée, quand même il ne l'aurait pas entendue.

— Pourquoi ne veux-tu pas venir danser? disait-il à une personne que Sylvinet ne voyait point. Il y a si longtemps qu'on ne t'a point vue t'arrêter après la messe, qu'on ne te trouverait pas mauvais que je te fasse danser, moi qui suis censé ne plus quasiment te connaître. On ne dirait pas que c'est par amour, mais par honnêteté, et parce que je suis curieux de savoir si après tant de temps tu sais encore bien danser. —

— Non, Landry, non, — répondit une voix que Sylvinet ne reconnut point, parce qu'il y avait longtemps qu'il ne l'avait entendue, la petite Fadette s'étant tenue à l'écart de tout le monde, et de lui particulièrement. — Non, disait-elle, il ne faut point qu'on fasse attention à moi, ce sera le mieux, et si tu me faisais danser une fois, tu voudrais recommencer tous les dimanches, et il n'en faudrait pas tant pour faire causer. Crois ce que je t'ai toujours dit, Landry, que le jour où l'on saura que tu m'aimes sera le commencement de nos peines. Laisse-moi m'en aller, et quand tu auras passé une partie du jour avec ta famille et ton besson, tu viendras me rejoindre où nous sommes convenus.

— C'est pourtant triste de ne jamais danser ! dit Landry; tu aimais tant la danse, mignonne, et tu dansais si bien ! Quel plaisir ça me serait de te tenir par la main et de te faire tourner dans mes bras, et de te voir, si légère et si gentille, ne danser qu'avec moi !

— Et c'est justement ce qu'il ne faudrait point, reprit la Fadette. Mais je vois bien que tu le regrettes la danse, mon bon Landry, et je ne sais pas pourquoi tu y as renoncé. Va donc danser un peu ; ça me fera plaisir de songer que tu t'amuses, et je t'attendrai plus patiemment.

— Oh ! tu as trop de patience, toi ! dit Landry d'une voix qui n'en marquait guère; mais moi, j'aimerais mieux me faire couper les deux jambes que de danser avec des filles que je n'aime point, et que je n'embrasserais pas pour cent francs.

— Eh bien, si je dansais, reprit la Fadette, il me faudrait danser avec d'autres qu'avec toi, et me laisser embrasser aussi.

— Va-t'en, va-t'en bien vitement, dit Landry ; je ne veux point qu'on t'embrasse.

Sylvinet n'entendit plus rien que des pas qui s'éloignaient, et, pour n'être point surpris aux écoutes par son frère, qui revenait vers lui, il entra vivement dans le cimetière et le laissa passer.

Cette découverte-là fut comme un coup de couteau dans le cœur de Sylvinet. Il ne chercha point à découvrir quelle était la fille que Landry aimait si passionnément. Il en avait bien assez de savoir qu'il y avait une personne pour laquelle Landry le délaissait et qui avait toutes ses pensées, au point qu'il les cachait à son besson, et que celui-ci n'en recevait point la confidence. Il faut qu'il se défie de moi, pensa-t-il, et que cette fille qu'il aime tant le porte à me craindre et à me détester. Je ne m'étonne plus de voir qu'il est toujours si ennuyé avec moi, et si inquiet quand je veux me promener avec lui. J'y renonçais, croyant voir qu'il avait le goût d'être seul ; mais, à présent, je me garderai bien d'essayer de le troubler. Je ne lui dirai rien ; il m'en voudrait d'avoir surpris ce qu'il n'a pas voulu me confier. Je souffrirai tout seul, pendant qu'il se réjouira d'être débarrassé de moi.

Sylvinet fit comme il se promettait, et même il le poussa plus loin qu'il n'était besoin, car non-seulement il ne chercha plus à retenir son frère auprès de lui, mais encore, pour ne le point gêner, il quittait le premier la maison et allait rêvasser tout seul dans son ouche, ne voulant point aller dans la campagne : parce que, pensait-il, si je venais à y rencontrer Landry, il imaginerait que je l'épie et me ferait bien voir que je le dérange.

Et peu à peu son ancien chagrin, dont il s'était quasiment guéri, lui revint si lourd et si obstiné qu'on ne tarda pas à le voir sur sa figure. Sa mère l'en reprit doucement ; mais, comme il avait honte, à dix-huit ans, d'avoir les mêmes faiblesses d'esprit qu'il avait eues à quinze, il ne voulut jamais confesser ce qui le rongeait.

Ce fut ce qui le sauva de la maladie ; car le bon Dieu n'abandonne que ceux qui s'abandonnent eux-mêmes, et celui qui a le courage de renfermer sa peine est plus fort contre elle que celui qui s'en plaint. Le pauvre besson prit comme une habitude d'être triste et pâle ; il eut, de temps en temps, un ou deux accès de fièvre, et, tout en grandissant toujours un peu, il resta assez délicat et mince de sa personne. Il n'était pas bien soutenu à l'ouvrage, et ce n'était point sa faute, car il savait que le travail lui était bon ; et c'était bien assez d'ennuyer son père par sa tristesse, il ne voulait pas le fâcher et lui faire tort par sa lâcheté. Il se mettait donc à l'ouvrage, et travaillait de colère contre lui-même. Aussi en prenait-il souvent plus qu'il ne pouvait en supporter ; et le lendemain il était si las qu'il ne pouvait plus rien faire.

— Ce ne sera jamais un fort ouvrier, disait le père Barbeau ; mais il fait ce qu'il peut, et quand il peut, il ne s'épargne même pas assez. C'est pourquoi je ne veux point le mettre avec les autres ; car, par la crainte qu'il a des reproches et le peu de forces que Dieu lui a données, il se tuerait bien vite, et j'aurais à me le reprocher toute ma vie.

La mère Barbeau goûtait fort ces raisons-là et faisait tout son possible pour égayer Sylvinet. Elle consulta plusieurs médecins sur sa santé, et ils lui dirent, les uns qu'il fallait le ménager beaucoup, et ne plus lui faire boire que du lait, parce qu'il était faible ; les autres, qu'il fallait le faire travailler beaucoup et lui donner du bon vin, parce qu'é-tant faible, il avait besoin de se fortifier. Et la mère Bar-beau ne savait lequel écouter, ce qui arrive toujours quand on prend plusieurs avis.

Heureusement que, dans le doute, elle n'en suivit au-cun, et que Sylvinet marcha dans la route que le bon Dieu lui avait ouverte, sans y rencontrer de quoi le faire verser à droite ou à gauche, et il traîna son petit mal, sans être trop foulé, jusqu'au moment où les amours de Landry firent un éclat, et où Sylvinet vit augmenter sa peine de toute celle qui fut faite à son frère.

XXVIII.

Ce fut la Madelon qui découvrit le pot aux roses ; et, si elle le fit sans malice, encore en tira-t-elle un mauvais parti. Elle s'était bien consolée de Landry, et, n'ayant pas perdu beaucoup de temps à l'aimer, elle n'en avait guère demandé pour l'oublier. Cependant il lui était resté sur le cœur une petite rancune qui n'attendait que l'occasion pour se faire sentir, tant il est vrai que le dépit chez les femmes dure plus que le regret.

Voici comment la chose arriva. La belle Madelon, qui était renommée pour son air sage et pour ses manières fières avec les garçons, était cependant très-coquette en dessous, et pas moitié si raisonnable ni si fidèle dans ses amitiés que le pauvre grelet, dont on avait si mal parlé et si mal auguré. Adonc la Madelon avait déjà eu deux amoureux, sans compter Landry, et elle se prononçait pour un troisième, qui était son cousin, le fils cadet au père Caillaud de la Priche. Elle se prononça si bien qu'é-tant surveillée par le dernier à qui elle avait donné de

l'espérance, et craignant qu'il ne fît un éclat, ne sachant où se cacher pour causer à loisir avec le nouveau, elle se laissa persuader par celui-ci d'aller babiller dans le colombier où justement Landry avait d'honnêtes rendez-vous avec la petite Fadette.

Cadet Caillaud avait bien cherché la clef de ce colom-bier, et ne l'avait point trouvée parce qu'elle était tou-jours dans la poche de Landry ; et il n'avait osé la deman-der à personne, parce qu'il n'avait pas de bonnes raisons pour en expliquer la demande. Si bien que personne, hormis Landry, ne s'inquiétait de savoir où elle était. Cadet Caillaud, songeant qu'elle était perdue, ou que son père la tenait dans son trousseau, ne se gêna point pour enfoncer la porte. Mais, le jour où il le fit, Landry et Fa-dette se trouvaient là, et ces quatre amoureux se trouvè-rent bien penauds en se voyant les uns les autres. C'est ce qui les engagea tous également à se taire et à ne rien ébruiter.

Mais la Madelon eut comme un retour de jalousie et de colère, en voyant Landry, qui était devenu un des plus beaux garçons du pays et des plus estimés, garder, depuis la Saint-Andoche, une si belle fidélité à la petite Fadette, et elle forma la résolution de s'en venger. Pour cela, sans en rien confier à Cadet Caillaud, qui était hon-nête homme et ne s'y fût point prêté, elle alla se fit aider d'une ou deux jeunes fillettes de ses amies lesquelles, un peu dépitées aussi du mépris que Landry paraissait faire d'elles en ne les priant plus jamais à danser, se mirent à surveiller si bien la petite Fadette, qu'il ne leur fallut pas grand temps pour s'assurer de son amitié avec Landry. Et sitôt qu'elles les eurent épiés et vus une ou deux fois ensemble, elles en firent grand bruit dans tout le pays, di-sant à qui voulait les écouter, et Dieu sait si la médisance manque d'oreilles pour se faire entendre et de langues pour se faire répéter, que Landry avait fait une mauvaise connaissance dans la personne de la petite Fadette.

Alors toute la jeunesse femelle s'en mêla, car lorsqu'un garçon de belle mine et de bon avoir s'occupe d'une per-sonne, c'est comme une injure à toutes les autres, et si l'on peut trouver à mordre sur cette personne-là, on ne s'en fait pas faute. On peut dire aussi que, quand une méchanceté est exploitée par les femmes, elle va vite et loin. Aussi, quinze jours après l'aventure de la tour à Jacot, il n'y fût question de la tour, ni de Madelon, qui avait eu bien soin de ne pas se mettre en avant, et qui feignait même d'apprendre comme une nouvelle ce qu'elle avait dévoilé la première à la sourdine, tout le monde savait, petits et grands, vieillos et jeunes, les amours de Landry le besson avec Fanchon le grelet.

Et le bruit en vint jusqu'aux oreilles de la mère Bar-beau, qui s'en affligea beaucoup et n'en voulut point parler à son homme. Mais le père Barbeau l'apprit d'au-tre part, et Sylvain, qui avait bien discrètement gardé le secret de son frère, eut le chagrin de voir que tout le monde le savait.

Or, un soir que Landry songeait à quitter la Besson-nière de bonne heure, comme il avait coutume de faire, son père lui dit, en présence de sa mère, de sa sœur aînée et de son besson : — Ne sois pas si hâteux de nous quitter, Landry, car j'ai à te parler ; mais j'attends que ton parrain soit ici, car c'est devant ceux de la famille qui s'intéressent le plus à ton sort, que je veux te demander une explication.

Et quand le parrain, qui était l'oncle Landriche, fut arrivé, le père Barbeau parla en cette manière :

— Ce que j'ai à te dire te donnera un peu de honte, mon Landry ; aussi n'est-ce pas sans un peu de honte moi-même, et sans beaucoup de regret, que je me vois obligé de te confesser devant la famille. Mais j'espère que cette honte te sera salutaire et te guérira d'une fantaisie qui pourrait te porter préjudice.

Il paraît que tu as fait une connaissance qui date de la dernière Saint-Andoche, il y aura prochainement un an. On m'en a parlé dès le premier jour, car c'était une chose imaginante que de te voir danser tout un jour de fête avec la fille la plus laide, la plus malpropre et la plus mal famée de notre pays. Je n'ai pas voulu y prêter

attention, pensant que tu en avais fait un amusement, et
je n'approuvais pas précisément la chose, parce que, s'il
ne faut pas fréquenter les mauvaises gens, encore ne faut-
il pas augmenter leur humiliation et le malheur qu'ils ont
d'être haïssables à tout le monde. J'avais négligé de t'en
parler, pensant, à te voir triste le lendemain, que tu
t'en faisais reproche à toi-même et que tu n'y retourne-
rais plus. Mais voilà que, depuis une semaine environ,
j'entends bien dire autre chose, et, encore que ce soit
par des personnes dignes de foi, je ne veux point m'y
fier, à moins que tu ne me le confirmes. Si je t'ai fait
tort en te soupçonnant, tu me l'imputeras qu'à l'intérêt
que je te porte et au devoir que j'ai de surveiller ta
conduite : car, si la chose est une fausseté, tu me feras
grand plaisir en me donnant ta parole et en me faisant
connaître qu'on t'a desservi à tort dans mon opinion.
— Mon père, dit Landry, voulez-vous bien me dire de
quoi vous m'accusez, et je vous répondrai selon la vérité
et le respect que je vous dois.
— On t'accuse, Landry, je crois te l'avoir suffisamment
donné à entendre, d'avoir un commerce malhonnête avec
la petite fille de la mère Fadet, qui est une assez mauvaise femme ; sans compter que la propre mère de cette
malheureuse fille a vilainement quitté son mari, ses enfants et son pays pour suivre les soldats. On t'accuse de
te promener de tous les côtés avec la petite Fadette, ce
qui me ferait craindre de te voir engagé par elle dans de
mauvaises amours, dont toute la vie tu pourrais avoir à
te repentir. Entends-tu, à la fin?
— J'entends bien, mon cher père, répondit Landry, et
souffrez-moi encore une question avant que je vous réponde. Est-ce à cause de sa famille, ou seulement à cause
d'elle-même, que vous regardez la Fanchon Fadette
comme une mauvaise connaissance pour moi?
— C'est sans doute à cause de l'une et de l'autre, reprit
le père Barbeau avec un peu plus de sévérité qu'il n'en
avait mis au commencement; car il s'était attendu à
trouver Landry bien penaud, et il le trouvait tranquille et
comme résolu à tout. C'est d'abord, dit-il, qu'une mauvaise parenté est une vilaine tache, et que jamais une
famille estimée et honorée comme est la mienne ne voudrait faire alliance avec la famille Fadet. C'est ensuite
que la petite Fadet, par elle-même, n'inspire d'estime et
de confiance à personne. Nous l'avons vue s'élever et
nous savons tous ce qu'elle vaut. J'ai entendu dire,
et je reconnais pour l'avoir vu deux ou trois fois, que,
depuis un an, elle se tient mieux, ne court plus avec les
petits garçons et ne parle mal à personne. Tu vois que
je ne veux pas m'écarter de la justice; mais cela ne me
suffit pas pour croire qu'une enfant qui a été si mal élevée puisse jamais faire une honnête femme, et connaissant la grand'mère comme je l'ai connue, j'ai tout lieu de
craindre qu'il n'y ait là une intrigue montée pour te sou-
tirer des promesses et te causer de la honte ou de l'embarras. On m'a même dit que la petite était enceinte, ce
que je ne veux point croire à la légère, mais ce qui me
peinerait beaucoup, parce que la chose te serait attri-
buée et reprochée, et pourrait finir par un procès et du
scandale.
Landry, qui, dès le premier mot, s'était bien promis
d'être prudent et de s'expliquer avec douceur, perdit patience. Il devint rouge comme le feu, et, se levant : — Mon
père, dit-il, ceux qui vous ont dit cela ont menti comme
des chiens. Ils ont fait une telle insulte à Fanchon Fadet,
que, si je les tenais là, il faudrait qu'ils eussent à se dé-
dire ou à se battre avec moi, jusqu'à ce qu'il en restât
un de nous par terre. Dites-leur qu'ils sont des lâches et
des païens ; et qu'ils viennent donc me le dire en face, ce
qu'ils vous ont insinué en traîtres, et nous en aurons
beau jeu !
— Ne te fâche pas comme cela, Landry, dit Sylvinet
tout abattu de chagrin : mon père ne t'accuse point d'a-
voir fait du tort à cette fille; mais il craint qu'elle ne se
soit mise dans l'embarras avec d'autres, et qu'elle ne
veuille faire croire, en se promenant de jour et de nuit
avec toi, que c'est à toi de lui donner une réparation.

XXIX.

La voix de son besson adoucit un peu Landry; mais
les paroles qu'il disait ne purent passer sans qu'il les
relevât.
— Frère, dit-il, tu n'entends rien à tout cela. Tu as
toujours été prévenu contre la petite Fadette, et tu ne la
connais point. Je m'inquiète bien peu de ce qu'on peut
dire de moi ; mais je ne souffrirai point ce qu'on dit contre
elle, et je veux que mon père et ma mère sachent de moi,
pour se tranquilliser, qu'il n'y a point sur la terre deux
filles aussi honnêtes, aussi sages, aussi bonnes, aussi dé-
sintéressées que cette fille-là. Si elle a le malheur d'être
mal apparentée, elle en a d'autant plus de mérite à être ce
qu'elle est, et je n'aurais jamais cru que des âmes chrétiennes pussent lui reprocher le malheur de sa naissance.
— Vous avez l'air vous-même de me faire un reproche,
Landry, dit le père Barbeau en se levant aussi, pour lui
montrer qu'il ne souffrirait pas que la chose allât plus loin
entre eux. Je vois, à votre dépit, que vous en tenez pour
cette Fadette plus que je n'aurais souhaité. Puisque vous
n'en avez ni honte ni regret, nous n'en parlerons plus.
J'aviserai à ce que je dois faire pour vous prévenir d'une
étourderie de jeunesse A cette heure, vous devez retourner chez vos maîtres.
— Vous ne vous quitterez pas comme ça, dit Sylvinet
en retenant son frère, qui commençait à s'en aller. Mon
père, voilà Landry qui a tant de chagrin de vous avoir déplu qu'il ne peut rien dire. Donnez-lui son pardon et l'em-
brassez, car il s'en va pleurer à nuitée, et il serait trop
puni par votre mécontentement.
Sylvinet pleurait, la mère Barbeau pleurait aussi, et
aussi la sœur aînée, et l'oncle Landriche. Il n'y avait que
le père Barbeau et Landry qui eussent les yeux secs ;
mais ils avaient le cœur bien gros, et on les fit s'embrasser. Le père n'exigea aucune promesse, sachant bien que,
dans les cas d'amour, ces promesses-là sont chanceuses,
et ne voulant point compromettre son autorité ; mais il fit
comprendre à Landry que ce n'était point fini et qu'il y
reviendrait. Landry s'en alla courroucé et désolé. Sylvinet
eût bien voulu le suivre ; mais il n'osa, à cause qu'il pré-
sumait bien qu'il allait faire part de son chagrin à la Fadette, et il se coucha si triste que, de toute la nuit, il ne
fit que soupirer et rêver de malheur dans la famille.
Landry s'en alla frapper à la porte de la petite Fadette.
La mère Fadet était devenue si sourde qu'une fois endormie rien ne l'éveillait, et depuis quelque temps Landry,
se voyant découvert, ne pouvait causer avec Fanchon
que le soir dans la chambre où dormaient la vieille et le
petit Jeanet ; et là encore, il risquait gros, car la vieille
sorcière ne pouvait pas le souffrir et l'eût fait sortir avec
des coups de balai bien plutôt qu'avec des compliments.
Landry raconta sa peine à la petite Fadette, et la trouva
grandement soumise et courageuse. D'abord elle essaya
de lui persuader qu'il ferait bien, dans son intérêt à lui,
de reprendre son amitié et de ne plus penser à elle. Mais
quand elle vit qu'il s'affligeait et se révoltait de plus en
plus, elle l'engagea à l'obéissance en lui donnant à espérer
du temps à venir.
— Écoute, Landry, lui dit-elle, j'avais toujours eu pré-
voyance de ce qui nous arrive, et j'ai souvent songé à ce
que nous ferions, le cas échéant. Ton père n'a point de
tort, et je ne lui en veux pas ; car c'est par grande amitié
pour toi qu'il craint de te voir épris d'une personne aussi
peu méritante que je le suis. Je lui pardonne donc un peu
de fierté et d'injustice à mon endroit ; car nous ne pouvons
pas disconvenir que ma première petite jeunesse a été
folle, et toi-même me l'as reproché le jour où tu as commencé à m'aimer. Si, depuis un an, je me suis corrigée
de mes défauts, ce n'est pas assez de temps pour qu'il y
prenne confiance, comme il te l'a dit aujourd'hui. Il faut
donc que le temps passe encore là-dessus, et, peu à peu,
les préventions qu'on avait contre moi s'en iront, les
vilains mensonges qu'on fait à présent tomberont d'eux-
mêmes. Ton père et ta mère verront bien que je suis sage

et que je ne veux pas te débaucher ni te tirer de l'argent. Ils rendront justice à l'honnêteté de mon amitié, et nous pourrons nous voir et nous parler sans nous cacher de personne ; mais en attendant, il faut que tu obéisses à ton père, qui, j'en suis certaine ; va te défendre de me fréquenter.

— Jamais je n'aurai ce courage-là, dit Landry, j'aimerais mieux me jeter dans la rivière.

— Eh bien ! si tu ne l'as pas, je l'aurai pour toi, dit la petite Fadette ; je m'en irai, moi, je quitterai le pays pour un peu de temps. Il y a déjà deux mois qu'on m'offre une bonne place en ville. Voilà ma grand'mère si sourde et si âgée qu'elle ne s'occupe presque plus de faire et de vendre ses drogues, et qu'elle ne peut plus donner de consultations. Elle a une parente très-bonne, qui lui offre de venir demeurer avec elle, et qui la soignera bien, ainsi que mon pauvre sauteriot...

La petite Fadette eut la voix coupée, un moment, par l'idée de quitter cet enfant, qui était, avec Landry, ce qu'elle aimait le plus au monde ; mais elle reprit courage et dit :

— A présent, il est assez fort pour se passer de moi. Il va faire sa première communion, et l'amusement d'aller au catéchisme avec les autres enfants le distraira du chagrin de mon départ. Tu dois avoir observé qu'il est devenu assez raisonnable, et que les autres garçonnets ne le font plus guère enrager. Enfin, il le faut, vois-tu, Landry ; il faut qu'on m'oublie un peu, car il y a, à cette heure, une grande colère et une grande jalousie contre moi dans le pays. Quand j'aurai passé un an ou deux au loin, et que je reviendrai avec de bons témoignages et une bonne renommée, laquelle j'acquerrai plus aisément ailleurs qu'ici, on ne nous tourmentera plus, et nous serons meilleurs amis que jamais.

Landry ne voulut pas écouter cette proposition-là ; il ne fit que se désespérer, et s'en retourna à la Priche dans un état qui aurait fait pitié au plus mauvais cœur.

Deux jours après, comme il menait la cuve pour la vendange, Cadet Caillaud lui dit :

— Je vois, Landry, que tu m'en veux, et que, depuis quelque temps, tu ne me parles pas. Tu crois sans doute que c'est moi qui ai ébruité tes amours avec la petite Fadette, et je suis fâché que tu puisses croire une pareille vilenie de ma part. Aussi vrai que Dieu est au ciel, jamais je n'en ai soufflé un mot, et mêmement c'est un chagrin pour moi qu'on t'ait causé ces ennuis-là ; car j'ai toujours fait grand cas de toi, et jamais je n'ai fait injure à la petite Fadette. Je puis même dire que j'ai de l'estime pour cette fille depuis ce qui nous est arrivé au colombier, dont elle aurait pu bavarder pour sa part, et dont jamais personne n'a rien su, tant elle a été discrète. Elle aurait pu s'en servir pourtant, à seules fins de tirer vengeance de la Madelon, qui aurait été être l'auteur de tous ces caquets ; mais elle ne l'a point fait, je vois, Landry, qu'il ne faut point se fier aux apparences et aux réputations. La Fadette, qui passait pour méchante, a été bonne ; la Madelon, qui passait pour bonne, a été bien traître, non-seulement envers la Fadette et envers toi, mais encore avec moi, qui, pour l'heure, ai grandement à me plaindre de sa fidélité.

Landry accepta de bon cœur les explications de Cadet Caillaud, et celui-ci le consola de son mieux de son chagrin.

— On t'a fait bien des peines, mon pauvre Landry, lui dit-il en finissant ; mais tu dois t'en consoler par la bonne conduite de la petite Fadette. C'est bien, à elle, de s'en aller, pour faire finir le tourment de ta famille, et je viens de le lui dire à elle-même, en lui faisant mes adieux au passage.

— Qu'est-ce que tu me dis-là, Cadet ? s'exclama Landry ; elle s'en va ? elle est partie ?

— Ne le savais-tu pas ? dit Cadet. Je pensais que c'était chose convenue entre vous, et que tu ne la conduisais point pour n'être pas blâmé. Mais elle s'en va, pour sûr ; elle a passé au droit de chez nous il n'y a pas plus d'un quart d'heure, et elle avait son petit paquet sous le bras. Elle allait à Château-Meillant, et, à cette heure, elle n'est pas plus loin que Vieille-Ville, ou bien la côte d'Urmont.

Landry laissa son aiguillon accoté au frontal de ses bœufs, prit sa course et ne s'arrêta que quand il eut rejoint la petite Fadette, dans le chemin de sable qui descend des vignes d'Urmont à la Fremelaine.

Là, tout épuisé par le chagrin et la grande hâte de sa course, il tomba en travers du chemin, sans pouvoir lui parler, mais en lui faisant connaître par signes qu'elle aurait à marcher sur son corps avant de le quitter.

Quand il se fut un peu remis, la Fadette lui dit :

— Je voulais t'épargner cette peine, mon cher Landry, et voilà que tu fais tout ce que tu peux pour m'ôter le courage. Sois donc un homme, et ne m'empêche pas d'avoir du cœur ; il m'en faut plus que tu ne penses, et quand je songe que mon pauvre petit Jeanet me cherche et crie après moi, à cette heure, je me sens si faible que, pour un rien, je me casserais la tête sur ces pierres. Ah ! je t'en prie, Landry, aide-moi au lieu de me détourner de mon devoir ; car, si je ne m'en vas pas aujourd'hui, je ne m'en irai jamais, et nous serons perdus.

— Fanchon, Fanchon, tu n'as pas besoin d'un grand courage, répondit Landry. Tu ne regrettes qu'un enfant qui se consolera bientôt, parce qu'il est enfant. Tu ne te soucies pas de mon désespoir ; tu ne connais pas ce que c'est que l'amour ; tu n'en as point pour moi, et tu vas m'oublier vite, ce qui fait que tu ne reviendras peut-être jamais.

— Je reviendrai, Landry ; je prends Dieu à témoin que je reviendrai dans un an au plus tôt, dans deux ans au plus tard, et que je t'oublierai si peu que je n'aurai jamais d'autre ami ni d'autre amoureux que toi.

— D'autre ami, c'est possible, Fanchon, parce que tu n'en retrouveras jamais un qui te soit soumis comme je le suis ; mais d'autre amoureux, je n'en sais rien : qui peut m'en répondre ?

— C'est moi qui t'en réponds !

— Tu n'en sais rien toi-même, Fadette, tu n'as jamais aimé, et quand l'amour te viendra, tu ne te souviendras guère de ton pauvre Landry. Ah ! si tu m'avais aimé de la manière dont je t'aime, tu ne me quitterais pas comme ça.

— Tu crois, Landry ? dit la petite Fadette en le regardant d'un air triste et bien sérieux. Peut-être bien que tu ne sais ce que tu dis. Moi, je crois que l'amour me commanderait encore plus ce que l'amitié me fait faire.

— Eh bien, si c'était l'amour qui me commande, je n'aurais pas tant de chagrin. Oh ! oui, Fanchon, si c'était l'amour, je crois quasiment que je serais heureux dans mon malheur. J'aurais de la confiance dans ta parole et de l'espérance dans l'avenir ; j'aurais le courage que tu as, vrai !... Mais ce n'est pas de l'amour, tu me l'as dit bien des fois, et je l'ai vu à ta grande tranquillité à côté de moi.

— Ainsi tu crois que ce n'est pas l'amour ? dit la petite Fadette ; tu en es bien assuré ?

Et, le regardant toujours, ses yeux se remplirent de grosses larmes qui tombèrent sur ses joues, tandis qu'elle souriait d'une manière bien étrange.

— Ah ! mon Dieu ! mon bon Dieu ! s'écria Landry en la prenant dans ses bras, si je pouvais m'être trompé !

— Moi, je crois bien que tu t'es trompé, en effet, répondit la petite Fadette, toujours souriant et pleurant ; je crois bien que, depuis l'âge de treize ans, le pauvre Grelet a remarqué Landry et n'en a jamais remarqué d'autre. Je crois bien que, quand elle te suivait par les champs et par les chemins, en lui disant des folies et des taquineries pour le forcer à s'occuper d'elle, elle ne savait point encore ce qu'elle faisait, ni ce qui la poussait vers lui. Je crois bien que, quand elle s'est mise un jour à la recherche de Sylvinet, sachant que Landry était dans la peine, et qu'elle l'a trouvé au bord de la rivière, tout pensif, avec un petit agneau sur ses genoux, elle a fait un peu la sorcière avec Landry, afin que force à lui en fût par reconnaissance. Je crois bien que, quand elle l'a injurié au gué des Roulettes, c'est parce qu'elle avait du dépit et du chagrin de ce qu'il ne lui avait jamais parlé depuis. Je crois bien que, quand elle a voulu danser avec lui, c'est parce qu'elle était folle de lui et qu'elle espérait lui plaire par sa jolie danse. Je crois bien que, quand elle pleurait dans la carrière des Chaumois, c'était pour le repentir et la peine de lui avoir déplu. Je crois bien aussi que, quand il voulait l'embrasser et qu'elle s'y refusait, quand il lui parlait d'amour et qu'elle lui répondait en paroles d'amitié, c'était par la crainte qu'elle avait de perdre cet amour-là en le contentant trop vite. Enfin je crois que, si elle s'en va en se déchirant le cœur, c'est par l'espérance qu'elle a de revenir digne de lui dans l'esprit de tout le monde, et de pouvoir être sa femme, sans désoler et sans humilier sa famille.

Cette fois Landry crut qu'il deviendrait tout à fait fou. Il riait, il criait et il pleurait; et il embrassait Fanchon sur ses mains, sur sa robe; et il l'eût embrassée sur ses pieds, si elle avait voulu le souffrir; mais elle le releva et lui donna un vrai baiser d'amour dont il faillit mourir; car c'était le premier qu'il eût jamais reçu d'elle, ni d'aucune autre, et, du temps qu'il en tombait comme pâmé sur le bord du chemin, elle ramassa son paquet, toute rouge et confuse qu'elle était, et se sauva en lui défendant de la suivre et en lui jurant qu'elle reviendrait.

XXX.

Landry se soumit et revint à la vendange, bien surpris de ne pas se trouver malheureux comme il s'y était attendu, tant c'est une grande douceur de se savoir aimé, et tant la foi est grande quand on aime grandement. Il était si étonné et si aise qu'il ne put se défendre d'en parler à Cadet Caillaud, lequel s'étonna aussi, et admira la petite Fadette pour avoir si bien su se défendre de toute faiblesse et de toute imprudence, depuis le temps qu'elle aimait Landry et qu'elle en était aimée.

— Je suis content de voir, lui dit-il, que cette fille-là a tant de qualités, car, pour mon compte, je ne l'ai jamais mal jugée, et je peux même dire que si elle avait fait attention à moi, elle ne m'aurait point déplu. A cause des yeux qu'elle a, elle m'a toujours semblé plutôt belle que laide, et, depuis un certain temps, tout le monde aurait bien pu voir, si elle avait voulu plaire, qu'elle devenait chaque jour plus agréable. Mais elle t'aimait uniquement, Landry, et se contentait de ne point déplaire aux autres; elle ne cherchait d'autre approbation que la tienne, et je te réponds qu'une femme de ce caractère-là m'aurait bien convenu. D'ailleurs, si petite et si enfant que je l'aie connue, j'ai toujours considéré qu'elle avait un grand cœur, et si l'on allait demander à chacun de dire en conscience et en vérité ce qu'il en pense et ce qu'il en sait, chacun serait obligé de témoigner pour elle; mais le monde est fait comme cela que deux ou trois personnes se mettent après une autre, toutes s'en mêlent, lui jettent la pierre et lui font une mauvaise réputation sans trop savoir pourquoi; et comme si c'était pour le plaisir d'écraser qui ne peut se défendre.

Landry trouvait un grand soulagement à entendre raisonner Cadet Caillaud de la sorte, et, depuis ce jour-là, il fit une grande amitié avec lui, et se consola un peu de ses ennuis en les lui confiant. Et mêmement, il lui dit un jour:

— Ne pense plus à cette Madelon, qui ne vaut rien et qui nous a fait des peines à tous deux, mon brave Cadet. Tu es de même âge et rien ne te presse de te marier. Or, moi, j'ai une petite sœur, Nanette, qui est jolie comme un cœur, qui est bien élevée, douce, mignonne, et qui prend seize ans. Viens nous voir un peu plus souvent; mon père t'estime beaucoup, et quand tu connaîtras bien notre Nanette, tu verras que tu n'auras pas de meilleure idée que celle de devenir mon beau-frère.

— Ma foi, je ne dis pas non, répondit Cadet, et si la fille n'est point accordée par ailleurs, j'irai chez toi tous les dimanches.

Le soir du départ de Fanchon Fadet, Landry voulut aller voir son père pour lui apprendre l'honnête conduite de cette fille qu'il avait mal jugée, et, en même temps, pour lui faire, sous toutes réserves quant à l'avenir, ses soumissions quant au présent. Il eut le cœur bien gros en passant devant la maison de la mère Fadet; mais il s'arma d'un grand courage, en se disant que, sans le départ de Fanchon, il n'aurait peut-être pas su de longtemps le bonheur qu'il avait d'être aimé d'elle. Et il vit la mère Fanchette, qui était la parente et la marraine à Fanchon, laquelle était venue pour soigner la vieille et le sauteriot sur ses genoux. Le pauvre Jeanet pleurait et ne voulait point aller au lit, parce que sa Fanchon n'était point encore rentrée; disait-il, et que c'était à elle à lui faire dire ses prières et à le coucher. La mère Fanchette le reconfortait de son mieux, et Landry entendit avec plaisir qu'elle lui parlait avec beaucoup de douceur et d'amitié. Mais sitôt que le sauteriot vit passer Landry, il s'échappa des mains de la Fanchette, au risque d'y laisser une de ses pattes, et courut se jeter dans les jambes du besson, l'embrassant et le questionnant, et le conjurant de lui ramener sa Fanchon. Landry le prit dans ses bras, et, tout en pleurant, le consola comme il put. Il voulut lui donner une grappe de beaux raisins qu'il portait dans un petit panier, de la part de la mère Caillaud, à la mère Barbeau; mais Jeanet, qui était d'habitude assez gourmand, ne voulut rien, sinon que Landry lui promettrait d'aller querir sa Fanchon, et il fallut que Landry le lui promît en soupirant, sans quoi il ne se fût point soumis à la Fanchette.

Le père Barbeau ne s'attendait guère à la grande résolution de la petite Fadette. Il en fut content; mais il eut comme du regret de ce qu'elle avait fait, tant il était homme juste et de bon cœur. — Je suis fâché, Landry, dit-il, que tu n'aies pas eu le courage de renoncer à la fréquenter. Si tu avais agi selon ton devoir, tu n'aurais pas été la cause de son départ. Dieu veuille que cette enfant n'ait pas à souffrir dans sa nouvelle condition et que son absence ne fasse pas de tort à sa grand'mère et à son petit frère; car s'il y a beaucoup de gens qui disent du mal d'elle, il y en a aussi quelques-uns qui la défendent et qui m'ont assuré qu'elle était très-bonne et très-serviable pour sa famille. Si ce qu'on m'a dit qu'elle est enceinte est une fausseté, nous le saurons bien, et nous la défendrons comme il faut; si, par malheur, c'est vrai, et que tu en sois coupable, Landry, nous l'assisterons et ne la laisserons pas tomber dans la misère. Que tu ne l'épouses jamais, Landry, voilà tout ce que j'exige de toi.

— Mon père, dit Landry, nous jugeons la chose différemment vous et moi. Si j'étais coupable de ce que vous pensez, je vous demanderais au contraire votre permission pour l'épouser. Mais comme la petite Fadette est aussi innocente que ma sœur Nanette, je ne vous demande rien encore que de me pardonner le chagrin que je vous ai causé. Nous parlerons d'elle plus tard, ainsi que vous me l'avez promis.

Il fallut bien que le père Barbeau en passât par cette condition de ne pas insister davantage. Il était trop prudent pour brusquer les choses et se devait tenir pour content de ce qu'il avait obtenu.

Depuis ce moment-là, il ne fut plus question de la petite Fadette à la Bessonnière. On évita même de la nommer, car Landry devenait rouge, et tout aussitôt pâle, quand son nom échappait à quelqu'un devant lui, et il était bien aisé de voir qu'il ne l'avait pas plus oubliée qu'au premier jour.

XXXI.

D'abord Sylvinet eut comme un contentement d'égoïste en apprenant le départ de la Fadette, et il se flatta que dorénavant son besson n'aimerait que lui et ne le quitterait plus pour personne. Mais il n'en fut point ainsi. Sylvinet était bien ce que Landry aimait le mieux au monde après la petite Fadette; mais il ne pouvait se plaire longtemps dans sa société, parce que Sylvinet ne voulait point se départir de son aversion pour Fanchon. Aussitôt que Landry essayait de lui en parler et de le mettre dans ses intérêts, Sylvinet s'affligeait, lui faisait reproche de s'obstiner dans une idée si répugnante à leurs parents et si chagrinante pour lui-même. Landry dès lors ne lui en parla plus ; mais, comme il ne pouvait pas vivre sans en parler, il partageait son temps entre Cadet Caillaud et le petit Jeanet, qu'il emmenait promener avec lui, à qui il faisait répéter son catéchisme et qu'il instruisait et consolait de son mieux. Et quand on le rencontrait avec cet enfant, on se fût moqué de lui, si l'on eût osé. Mais, outre que Landry ne se laissait jamais bafouer en quoi que ce soit, il était plutôt fier que honteux de montrer son amitié pour le frère de Fanchon Fadet, et c'est par là qu'il protestait contre le dire de ceux qui prétendaient que le père Barbeau, dans sa sagesse, avait bien vite eu raison de cet amour-là. Sylvinet, voyant que son frère ne revenait pas autant à lui qu'il l'aurait souhaité, et se trouvant réduit à porter sa jalousie sur le petit Jeanet et sur Cadet Caillaud ; voyant, d'un autre côté, que sa sœur Nanette, laquelle, jusqu'alors, l'avait toujours consolé et réjoui par des soins très-doux et des attentions mignardes, commençait à se plaire beaucoup dans la société de ce même Cadet Caillaud, dont les deux familles approuvaient fort l'inclination ; le pauvre Sylvinet, dont la fantaisie était de posséder à lui tout seul l'amitié de ceux qu'il aimait, tomba dans un ennui mortel, dans une langueur singulière, et son esprit se rembrunit si fort qu'on ne savait par où le prendre pour le contenter. Il ne riait plus jamais ; il ne prenait goût à rien, il ne pouvait plus guère travailler, tant il se consumait et s'affaiblissait. Enfin on craignit pour sa vie, car la fièvre ne le quittait presque plus, et, quand il l'avait un peu plus que d'habitude, il disait des choses qui n'avaient pas grand'raison et qui étaient cruelles pour le cœur de ses parents. Il prétendait n'être aimé de personne, lui qu'on avait toujours choyé et gâté plus que tous les autres dans la famille. Il souhaitait la mort, disant qu'il n'était bon à rien, qu'on l'épargnait par compassion de son état ; mais qu'il était une charge pour ses parents, et que la plus grande grâce que le bon Dieu pût leur faire, ce serait de les débarrasser de lui.

Quelquefois le père Barbeau, entendant ces paroles peu chrétiennes, l'en blâmait avec sévérité. Cela n'amenait rien de bon. D'autres fois, le père Barbeau le conjurait, en pleurant, de mieux reconnaître son amitié. C'était encore pire : Sylvinet pleurait, se repentait, demandait pardon à son père, à sa mère, à son besson, à toute sa famille ; et la fièvre revenait plus forte, après qu'il avait donné cours à la trop grande tendresse de son cœur malade.

On consulta les médecins à nouveau. Ils ne conseillèrent pas grand'chose. On vit, à leur mine, qu'ils jugeaient que tout le mal venait de cette bessonnerie, qui devait tuer l'un ou l'autre, le plus faible des deux conséquemment. On consulta aussi la baigneuse de Clavières, la femme la plus savante du canton après la Sagette, qui était morte, et la mère Fadet, qui commençait à tomber en enfance. Cette femme habile répondit à la mère Barbeau :

— Il n'y aurait qu'une chose pour sauver votre enfant, c'est qu'il aimât les femmes.

— Et justement il ne les peut souffrir, dit la mère Barbeau : jamais on n'a vu garçon si fier et si sage, et, depuis le moment où son besson s'est mis l'amour en tête, il n'a fait que dire du mal de toutes les filles que nous connaissons. Il les blâme toutes de ce qu'une d'entre elles (et malheureusement ce n'est pas la meilleure) lui a enlevé, comme il prétend, le cœur de son besson.

— Eh bien, dit la baigneuse, qui avait un grand jugement sur toutes les maladies du corps et de l'esprit, votre fils Sylvinet, le jour où il aimera une femme, l'aimera encore plus follement qu'il n'aime son frère. Je vous prédis cela. Il a une surabondance d'amitié dans le cœur, et, pour l'avoir toujours portée sur son besson, il a oublié quasiment son sexe, et, en cela, il a manqué à la loi du bon Dieu, qui veut que l'homme chérisse une femme plus que père et mère, plus que frères et sœurs. Consolez-vous, pourtant ; il n'est pas possible que la nature ne lui parle pas bientôt, quelque retardé qu'il soit dans

cette idée-là : et la femme qu'il aimera, qu'elle soit pauvre, ou laide, ou méchante, n'hésitez point à la lui donner en mariage ; car, selon toute apparence, il n'en aimera pas deux en sa vie. Son cœur a trop d'attache pour cela, et, s'il faut un grand miracle de nature pour qu'il se sépare un peu de son besson, il en faudrait un encore plus grand pour qu'il se séparât de la personne qu'il viendrait à lui préférer.

L'avis de la baigneuse parut fort sage au père Barbeau, et il essaya d'envoyer Sylvinet dans les maisons où il y avait de belles et bonnes filles à marier. Mais, quoique Sylvinet fût joli garçon et bien élevé, son air indifférent et triste ne lui faisaient aucune avance, et lui, qui était si timide, il s'imaginait, à force de les craindre, qu'il les détestait.

Le père Caillaud, qui était le grand ami et un des meilleurs conseils de la famille, ouvrit alors un autre avis :

— Je vous ai toujours dit, fit-il, que l'absence était le meilleur remède. Voyez Landry ! il devenait insensé pour la petite Fadette, et pourtant, la petite Fadette partie, il n'a perdu ni la raison ni la santé, il est même moins triste qu'il ne l'était souvent, car nous avions observé cela et nous n'en savions point la cause. A présent il paraît tout à fait raisonnable et soumis. Il en serait de même de Sylvinet si, pendant cinq ou six mois, il ne voyait point du tout son frère. Je vais vous dire le moyen de les séparer tout doucement. Ma ferme de la Priche va bien ; mais, en revanche, mon propre bien, qui est du côté d'Arton, va au plus mal, à cause que, depuis environ un an, mon colon est malade et ne peut se remettre. Je ne veux point le mettre dehors, parce qu'il est un véritable homme de bien. Mais si je pouvais lui envoyer un bon ouvrier pour l'aider, il se remettrait, vu qu'il n'est malade que de fatigue et de trop grand courage. Si vous y consentez, j'enverrai donc Landry passer dans mon bien le reste de la saison. Nous le ferons partir sans dire à Sylvinet que c'est pour longtemps. Nous lui dirons, au contraire, que c'est pour huit jours. Et puis, les huit jours passés, on lui parlera de huit autres jours, et toujours ainsi jusqu'à ce qu'il y soit accoutumé ; suivez mon conseil, au lieu de flatter toujours la fantaisie d'un enfant que vous avez trop épargné et rendu trop maître chez vous.

Le père Barbeau inclinait à suivre ce conseil, mais la mère Barbeau s'en effraya. Elle craignait que ce ne fût pour Sylvinet le coup de la mort. Il fallut transiger avec elle, elle demandait qu'on fît d'abord l'essai de garder Landry quinze jours à la maison, pour savoir si son frère, le voyant à toute heure, ne se guérirait point. S'il empirait, au contraire, elle se rendrait à l'avis du père Caillaud.

Ainsi fut fait. Landry vint de bon cœur passer le temps requis à la Bessonnière, et on l'y fit venir sous le prétexte que son père avait besoin d'aide pour battre le reste de son blé, Sylvinet ne pouvant guère travailler. Landry mit tous ses soins et toute sa bonté à rendre son frère content de lui. Il le voyait à toute heure, il couchait dans le même lit, il le soignait comme s'il eût été un petit enfant. Le premier jour, Sylvinet fut bien joyeux ; mais, le second, il prétendit que Landry s'ennuyait avec lui, et Landry ne put lui ôter cette idée. Le troisième jour, Sylvinet fut en colère, parce que le sauteriot vint voir Landry, et que Landry n'eut point le courage de le renvoyer. Enfin, au bout de la semaine, il fallut renoncer, car Sylvinet devenait de plus en plus injuste, exigeant et jaloux de son ombre. Alors on pensa à mettre à exécution l'idée du père Caillaud, et encore que Landry n'eût guère d'envie d'aller à Arton parmi des étrangers, lui qui aimait tant son endroit, son ouvrage, sa famille et ses maîtres, il se soumit à tout ce qu'on lui conseilla de faire dans l'intérêt de son frère.

XXXII.

Cette fois, Sylvinet manqua mourir le premier jour ; mais le second, il fut plus tranquille, et le troisième, la

Eh bien, sachez, si cela vous plaît, que je l'aime depuis longtemps déjà. (Page 29.)

fièvre le quitta. Il prit de la résignation d'abord et de la résolution ensuite ; et, au bout de la première semaine, on reconnut que l'absence de son frère lui valait mieux que sa présence. Il trouvait, dans le raisonnement que sa jalousie lui faisait en secret, un motif pour être quasi satisfait du départ de Landry. Au moins, se disait-il, dans l'endroit où il va, et où il ne connaît personne, il ne fera pas tout de suite de nouvelles amitiés. Il s'ennuiera un peu, il pensera à moi et me regrettera. Et quand il reviendra, il m'aimera davantage.

Il y avait déjà trois mois que Landry était absent, et environ un an que la petite Fadette avait quitté le pays, lorsqu'elle y revint tout d'un coup, parce que sa grand'mère était tombée en paralysie. Elle la soigna d'un grand cœur et d'un grand zèle ; mais l'âge est la pire des maladies ; et, au bout de quinze jours, la mère Fadet rendit l'âme sans y songer. Trois jours après, ayant conduit au cimetière le corps de la pauvre vieille, ayant rangé la maison, déshabillé et couché son frère, et embrassé sa bonne marraine qui s'était retirée pour dormir dans l'autre chambre, la petite Fadette était assise bien tristement devant son petit feu, qui n'envoyait guère de clarté, et elle écoutait chanter le grelet de sa cheminée, qui semblait lui dire :

> Grelet, grelet, petit grelet,
> Toute Fadette a son Fadet.

La pluie tombait et grésillait sur le vitrage, et Fanchon pensait à son amoureux, lorsqu'on frappa à la porte, et une voix lui dit :

— Fanchon Fadet, êtes-vous là, et me reconnaissez-vous ?

Elle ne fut point engourdie pour aller ouvrir, et grande fut sa joie en se laissant serrer sur le cœur de son ami Landry. Landry avait eu connaissance de la maladie de la grand'mère et du retour de Fanchon. Il n'avait pu résister à l'envie de la voir, et il venait à la nuit pour s'en aller avec le jour. Ils passèrent donc toute la nuit à causer au coin du feu, bien sérieusement et bien sagement, car la petite Fadette rappelait à Landry que le lit où sa grand'mère avait rendu l'âme était à peine refroidi, et que ce n'était l'heure ni l'endroit pour s'oublier dans le bonheur. Mais, malgré leurs bonnes résolutions, ils se sentirent

Jamais il n'avait vu tant d'argent à la fois. (Page 42.)

bien heureux d'être ensemble et de voir qu'ils s'aimaient plus qu'ils ne s'étaient jamais aimés.

Comme le jour approchait, Landry commença pourtant à perdre courage, et il priait Fanchon de le cacher dans son grenier pour qu'il pût encore la voir la nuit suivante. Mais, comme toujours, elle le ramena à la raison. Elle lui fit entendre qu'ils n'étaient plus séparés pour longtemps, car elle était résolue à rester au pays.

— J'ai pour cela, lui dit-elle, des raisons que je te ferai connaître plus tard et qui ne nuiront pas à l'espérance que j'ai de notre mariage. Va achever le travail que ton maître t'a confié, puisque, selon ce que ma marraine m'a conté, il est utile à la guérison de ton frère qu'il ne te voie pas encore de quelque temps.

— Il n'y a que cette raison-là qui puisse me décider à te quitter, répondit Landry; car mon pauvre besson m'a causé bien des peines, et je crains qu'il ne m'en cause encore. Toi, qui es si savante, Fanchonnette, tu devrais bien trouver un moyen de le guérir.

— Je n'en connais pas d'autre que le raisonnement, répondit-elle : car c'est son esprit qui rend son corps malade, et qui pourrait guérir l'un guérirait l'autre. Mais il a tant d'aversion pour moi, que je n'aurai jamais l'occasion de lui parler et de lui donner des consolations.

— Et pourtant tu as tant d'esprit, Fadette, tu parles si bien, tu as un don si particulier pour persuader ce que tu veux, quand tu en prends la peine, que si tu lui parlais seulement une heure, il en ressentirait l'effet. Essaie-le, je te le demande. Ne te rebute pas de sa fierté et de sa mauvaise humeur. Oblige-le à t'écouter. Fais cet effort-là pour moi, ma Fanchon, et pour la réussite de nos amours aussi, car l'opposition de mon frère ne sera pas le plus petit de nos empêchements.

Fanchon promit, et ils se quittèrent après s'être répété plus de deux cents fois qu'ils s'aimaient et s'aimeraient toujours.

XXXIII.

Personne ne sut dans le pays que Landry y était venu. Quelqu'un qui l'aurait pu dire à Sylvinet l'aurait fait retomber dans son mal. Il n'eût point pardonné à son frère d'être venu voir la Fadette et non pas lui.

A deux jours de là, la petite Fadette s'habilla très-proprement, car elle n'était plus sans sou ni maille, et son deuil était de belle sergette fine. Elle traversa le bourg de la Cosse, et, comme elle avait beaucoup grandi, ceux qui la virent passer ne la reconnurent pas tout d'abord. Elle avait considérablement embelli à la ville; étant mieux nourrie et mieux abritée, elle avait pris du teint et de la chair autant qu'il convenait à son âge, et on ne pouvait plus la prendre pour un garçon déguisé, tant elle avait la taille belle et agréable à voir. L'amour et le bonheur avaient mis aussi sur sa figure et sur sa personne ce je ne sais quoi qui se voit et ne s'explique point. Enfin elle était, non pas la plus jolie fille du monde, comme Landry se l'imaginait, mais la plus avenante, la mieux faite, la plus fraîche et peut-être la plus désirable qu'il y eût dans le pays.

Elle portait un grand panier passé à son bras, et entra à la Bessonnière, où elle demanda à parler au père Barbeau. Ce fut Sylvinet qui la vit le premier, et il se détourna d'elle, tant il avait de déplaisir à la rencontrer. Mais elle lui demanda où était son père avec tant d'honnêteté, qu'il fut obligé de lui répondre et de la conduire à la grange, où le père Barbeau était occupé à chapuser. La petite Fadette ayant prié alors le père Barbeau de la conduire en un lieu où elle pût lui parler secrètement, il ferma la porte de la grange et lui dit qu'elle pouvait lui dire tout ce qu'elle voudrait.

La petite Fadette ne se laissa pas éssotir par l'air froid du père Barbeau. Elle s'assit sur une botte de paille, lui sur une autre et elle lui parla de la sorte :

— Père Barbeau, encore que ma défunte grand'mère eût du dépit contre vous, et vous du dépit contre moi, il n'en est pas moins vrai que je vous connais pour l'homme le plus juste et le plus sûr de tout notre pays. Il n'y a qu'un cri là-dessus, et ma grand'mère elle-même, tout en vous blâmant d'être fier, vous rendait la même justice. De plus, j'ai fait, comme vous savez, une amitié très-longue avec votre fils Landry. Il m'a souventes fois parlé de vous, et je sais par lui, encore mieux que par tout autre, ce que vous êtes et ce que vous valez. C'est pourquoi je viens vous demander un service, et vous donner ma confiance.

— Parlez, Fadette, répondit le père Barbeau; je n'ai jamais refusé mon assistance à personne, et si c'est quelque chose que ma conscience ne me défende pas, vous pouvez vous fier à moi.

— Voici ce que c'est, dit la petite Fadette en soulevant son panier et en le plaçant entre les jambes du père Barbeau. Ma défunte grand'mère avait gagné dans sa vie, à donner des consultations et à vendre des remèdes, plus d'argent qu'on ne pensait; comme elle ne dépensait quasi rien et ne plaçait rien, on ne pouvait savoir ce qu'elle avait dans un vieux trou de son cellier, qu'elle m'avait souvent montré en me disant : Quand je n'y serai plus, c'est là que tu trouveras ce que j'aurai laissé : c'est ton bien et ton avoir, ainsi que celui de ton frère, et si je vous prive un peu à présent, c'est pour que vous en trouviez davantage un jour. Mais ne laisse pas les gens de loi toucher à cela, ils te le feraient manger en frais. Garde-le quand tu le tiendras, cache-le toute ta vie, pour t'en servir sur tes vieux jours, et ne jamais manquer.

Quand ma pauvre grand'mère a été ensevelie, j'ai donc obéi à son commandement; j'ai pris la clef du cellier, et j'ai défait les briques du mur, à l'endroit qu'elle m'avait montré. J'y ai trouvé ce que je vous apporte dans ce panier, père Barbeau, en vous priant de m'en faire le placement comme vous l'entendrez, après avoir satisfait à la loi que je ne connais guère, et m'avoir préservée des gros frais que je redoute.

— Je vous suis obligé de votre confiance, Fadette, dit le père Barbeau sans ouvrir le panier, quoiqu'il en fût un peu curieux, mais je n'ai pas le droit de recevoir votre argent ni de surveiller vos affaires. Je ne suis point votre tuteur. Sans doute votre grand'mère a fait un testament?

— Elle n'a point fait de testament, et la tutrice que la loi me donne c'est ma mère. Or vous savez que je n'ai point de ses nouvelles depuis longtemps, et que je ne sais si elle est morte ou vivante, la pauvre âme! Après elle, je n'ai pas d'autre parenté que celle de ma marraine Fanchette, qui est une brave et honnête femme, mais tout à fait incapable de gérer mon bien et même de le conserver et de le tenir serré. Elle ne pourrait se défendre d'en parler et de le montrer à tout le monde, et je craindrais, ou qu'elle n'en fît un mauvais placement, ou qu'à force de le laisser manier par les curieux, elle ne le fît diminuer sans y prendre garde; car, la pauvre chère marraine, elle n'est point dans le cas d'en savoir faire le compte.

— C'est donc une chose de conséquence? dit le père Barbeau, dont les yeux s'attachaient, en dépit de lui-même, sur le couvercle du panier; et il le prit par l'anse pour le soupeser. Mais il le trouva si lourd qu'il s'en étonna, et dit :

— Si c'est de la ferraille, il n'en faut pas beaucoup pour charger un cheval.

La petite Fadette, qui avait un esprit du diable, s'amusa en elle-même de l'envie qu'il avait de voir le panier. Elle fit mine de l'ouvrir; mais le père Barbeau aurait cru manquer à sa dignité en la laissant faire.

— Cela ne me regarde point, dit-il, et puisque je ne puis le prendre en dépôt, je ne dois point connaître vos affaires.

— Il faut pourtant bien, père Barbeau, dit la Fadette, que vous me rendiez au moins ce petit service-là. Je ne suis pas beaucoup plus savante que ma marraine pour compter au-dessus de cent. Ensuite je ne sais pas la valeur de toutes les monnaies anciennes et nouvelles, et je ne puis me fier qu'à vous pour me dire si je suis riche ou pauvre, et pour savoir au juste le compte de mon avoir.

— Voyons donc, dit le père Barbeau qui n'y tenait plus : ce n'est pas un grand service que vous me demandez là, et je ne dois point vous le refuser.

Alors la petite Fadette releva lestement les deux couvercles du panier, et en tira deux gros sacs, chacun de la contenance de deux mille écus.

— Eh bien ! c'est assez gentil, lui dit le père Barbeau, et voilà une petite dot qui vous fera rechercher par plusieurs.

— Ce n'est pas le tout, dit la petite Fadette; il y a encore là, au fond du panier, quelque petite chose que je ne connais guère.

Et elle tira une bourse de peau d'anguille, qu'elle versa dans le chapeau du père Barbeau. Il y avait cent louis d'or frappés à l'ancien coin, qui firent arrondir les yeux au brave homme; et, quand il les eut comptés et remis dans la peau d'anguille, elle en tira une seconde de la même contenance, et puis une troisième, et puis une quatrième, et finalement, tant en or qu'en argent et menue monnaie, il n'y avait dans le panier pas beaucoup moins de quarante mille francs.

C'était environ le tiers en plus de tout l'avoir que le père Barbeau possédait en bâtiments, et, comme les gens de campagne ne réalisent guère en espèces sonnantes, jamais il n'avait vu tant d'argent à la fois.

Si honnête homme et si peu intéressé que soit un paysan, on ne peut pas dire que la vue de l'argent lui fasse de la peine; aussi le père Barbeau en eut, pour un moment, la sueur au front. Quand il eut tout compté :

— Il ne te manque, pour avoir quarante fois mille francs, dit-il, que vingt-deux écus, et autant dire que tu hérites pour ta part de deux mille belles pistoles sonnantes; ce qui fait que tu es le plus beau parti du pays, petite Fadette, et que ton frère, le sauteriot, peut bien être chétif et boiteux toute sa vie : il pourra aller visiter ses biens en carriole. Réjouis-toi donc, tu peux te dire riche et le faire assavoir, si tu désires trouver vite un beau mari.

— Je n'en suis point pressée, dit la petite Fadette, et je vous demande, au contraire, de me garder le secret sur cette richesse-là, père Barbeau. J'ai la fantaisie, laide comme je suis, de ne point être épousée pour mon argent, mais pour mon bon cœur et ma bonne renommée; et comme j'en ai une mauvaise dans ce pays-ci, je désire y passer quelque temps pour qu'on s'aperçoive que je ne la mérite point.

— Quant à votre laideur, Fadette, dit le père Barbeau

en relevant ses yeux qui n'avaient point encore lâché de couver le panier, je puis vous dire, en conscience, que vous en avez diantrement rappelé, et que vous vous êtes si bien refaite à la ville que vous pouvez passer à cette heure pour une très-gente fille. Et quant à votre mauvaise renommée, si, comme j'aime à le croire, vous ne la méritez point, j'approuve votre idée de tarder un peu et de cacher votre richesse, car il ne manque point de gens qu'elle éblouirait jusqu'à vouloir vous épouser, sans avoir pour vous, au préalable, l'estime qu'une femme doit désirer de son mari.

Maintenant, quant au dépôt que vous voulez faire entre mes mains, ce serait contre la loi et pourrait m'exposer à faire à des soupçons et à des incriminations, car il ne manque point de mauvaises langues; et, d'ailleurs, à supposer que vous ayez le droit de disposer de ce qui est à vous, vous n'avez point celui de placer à la légère ce qui est à votre frère mineur. Tout ce que je pourrai faire, ce sera de demander une consultation pour vous, sans vous nommer. Je vous ferai savoir alors la manière de mettre en sûreté et en bon rapport l'héritage de votre mère et le vôtre, sans passer par les mains des hommes de chicane, qui ne sont pas tous bien fidèles. Remportez donc tout ça, et cachez-le encore jusqu'à ce que je vous aie fait réponse. Je m'offre à vous dans l'occasion, pour porter témoignage devant les mandataires de votre cohéritier, du chiffre de la somme que nous avons comptée, et que je vais écrire dans un coin de ma grange pour ne pas l'oublier.

C'était tout ce que voulait la petite Fadette, que le père Barbeau sût à quoi s'en tenir là-dessus. Si elle se sentait un peu fière devant lui d'être riche, c'est parce qu'il ne pouvait plus l'accuser de vouloir exploiter Landry.

XXXIV.

Le père Barbeau, la voyant si prudente, et comprenant combien elle était fine, se pressa moins de lui faire faire son dépôt et son placement, que de s'enquérir de la réputation qu'elle s'était acquise à Château-Meillant, où elle avait passé l'année. Car, si cette belle dot le tentait et lui faisait passer par-dessus la mauvaise parenté, il n'en était pas de même quand il s'agissait de l'honneur de la fille qu'il souhaitait avoir pour bru. Il alla donc lui-même à Château-Meillant, et prit ses informations en conscience. Il lui fut dit que non-seulement la petite Fadette n'y était point venue enceinte et n'y avait point fait d'enfant, mais encore qu'elle s'y était si bien comportée qu'il n'y avait point le plus petit blâme à lui donner. Elle avait servi une vieille religieuse noble, laquelle avait pris plaisir à en faire sa société plus que sa domestique, tant elle l'avait trouvée de bonne conduite, de bonnes mœurs et de bon raisonnement. Elle la regrettait beaucoup, et disait que c'était une parfaite chrétienne, courageuse, économe, propre, soigneuse, et d'un si aimable caractère qu'elle n'en retrouverait jamais une pareille. Et comme cette vieille dame était assez riche, elle faisait de grandes charités, en quoi la petite Fadette la secondait merveilleusement pour soigner les malades, préparer les médicaments, et s'instruire de plusieurs beaux secrets que sa maîtresse avait appris dans son couvent, avant la révolution.

Le père Barbeau fut bien content, et il revint à la Cosse, décidé à éclaircir la chose jusqu'au bout. Il assembla sa famille et chargea ses enfants aînés, ses frères, et toutes ses parentes, de procéder prudemment à une enquête sur la conduite que la petite Fadette avait tenue depuis qu'elle était en âge de raison, afin que, si tout le mal qu'on avait dit d'elle n'avait pour cause que des enfantillages, on pût s'en moquer; au lieu que si quelqu'un pouvait affirmer l'avoir vue commettre une mauvaise action ou faire une chose indécente, il eût à maintenir contre elle la défense qu'il avait faite à Landry de la fréquenter. L'enquête fut faite avec la prudence qu'il souhaitait, et sans que la question de dot fût ébruitée, car il n'en avait dit mot, même à sa femme.

Pendant ce temps-là, la petite Fadette vivait très-retirée dans sa petite maison, où elle ne voulut rien changer, sinon de la tenir si propre qu'on se fût miré dans ses pauvres meubles. Elle fit habiller proprement son petit sauteriot, et, sans le faire paraître, elle le mit, ainsi qu'elle-même et sa marraine, à une bonne nourriture, qui fit vitement son effet sur l'enfant; il se refit du mieux qu'il était possible, et sa santé fut bientôt aussi bonne qu'on pouvait le souhaiter. Le bonheur amenda vite aussi son tempérament; et, n'étant plus menacé et tancé par sa grand'mère, ne rencontrant plus que des caresses, des paroles douces et de bons traitements, il devint un gars fort mignon, tout plein de petites idées drôles et aimables, et ne pouvant plus déplaire à personne, malgré sa boiterie et son petit nez camard.

Et, d'autre part, il y avait un si grand changement dans la personne et dans les habitudes de Fanchon Fadet, que les méchants propos furent oubliés, et que plus d'un garçon, en la voyant marcher si légère et de si belle grâce, eût souhaité qu'elle fût à la fin de son deuil, afin de pouvoir la courtiser et la faire danser.

Il n'y avait que Sylvinet Barbeau qui n'en voulût point revenir sur son compte. Il voyait bien qu'on manigançait quelque chose à propos d'elle dans sa famille, car le père ne pouvait se tenir d'en parler souvent, et quand il avait reçu rétractation de quelque ancien mensonge fait sur le compte de Fanchon, il s'en applaudissait dans l'intérêt de Landry, disant qu'il ne pouvait souffrir qu'on eût accusé son fils d'avoir mis à mal une jeunesse innocente.

Et l'on parlait aussi du prochain retour de Landry, et le père Barbeau paraissait souhaiter que la chose fût agréée du père Caillaud. Enfin Sylvinet voyait bien qu'on ne serait plus si contraire aux amours de Landry, et le chagrin lui revint. L'opinion, qui vire à tout vent, était depuis peu en faveur de la Fadette; on ne la croyait pas riche, mais elle plaisait, et, pour cela, elle déplaisait d'autant plus à Sylvinet, qui voyait en elle la rivale de son amour pour Landry.

De temps en temps le père Barbeau laissait échapper devant lui le mot de mariage, et disait que ses bessons ne tarderaient pas à être en âge d'y penser. Le mariage de Landry avait toujours été une idée désolante à Sylvinet, et comme le dernier mot de leur séparation. Il reprit les fièvres, et la mère consulta encore les médecins.

Un jour, elle rencontra la marraine Fanchette, qui, l'entendant se lamenter dans son inquiétude, lui demanda pourquoi elle allait consulter si loin et dépenser tant d'argent, quand elle avait sous la main une remégeuse plus habile que toutes celles du pays, et qui ne voulait point exercer pour l'argent, comme l'avait fait sa grand'-mère, mais pour le seul amour du bon Dieu et du prochain. Et elle nomma la petite Fadette.

La mère Barbeau en parla à son mari, qui n'y fut point contraire. Il lui dit qu'à Château-Meillant la Fadette était tenue en réputation de grand savoir, et que de tous les côtés on venait la consulter aussi bien que sa dame.

La mère Barbeau pria donc la Fadette de venir voir Sylvinet, qui gardait le lit, et de lui donner son assistance.

Fanchon avait cherché plus d'une fois l'occasion de lui parler, ainsi qu'elle l'avait promis à Landry, et jamais il ne s'y était prêté. Elle ne se fit donc pas semondre et courut voir le pauvre besson. Elle le trouva endormi dans la fièvre, et pria la famille de le laisser seule avec lui. Comme c'est la coutume des remégeuses d'agir en secret, personne ne la contraria et ne resta dans la chambre.

D'abord, la Fadette posa sa main sur celle du besson, qui pendait sur le bord du lit; mais elle le fit si doucement, qu'il ne s'en aperçut pas, encore qu'il eût le sommeil si léger qu'une mouche, en volant, l'éveillait. La main de Sylvinet était chaude comme du feu, et elle devint plus chaude encore dans celle de la petite Fadette. Il montra de l'agitation, mais sans essayer de retirer sa main. Alors, la Fadette lui mit son autre main sur le front, aussi doucement que la première fois, et il s'agita encore plus. Mais, peu à peu, il se calma, et elle sentit que la tête et la main de son malade se rafraîchissaient de minute en minute et que son sommeil devenait aussi calme que celui d'un petit enfant. Elle resta ainsi auprès de lui jusqu'à ce qu'elle le vit disposé à s'éveiller; et alors elle se retira derrière son rideau, et sortit de la chambre et de la maison, en disant à la mère Barbeau :

— Allez voir votre garçon et donnez-lui quelque chose à manger, car il n'a plus la fièvre; et ne lui parlez point de moi surtout, si vous voulez que je le guérisse. Je reviendrai ce soir, à l'heure où vous m'avez dit que son mal empirait, et je tâcherai de couper encore cette mauvaise fièvre.

XXXV.

La mère Barbeau fut bien étonnée de voir Sylvinet sans fièvre, et elle lui donna vitement à manger, dont il profita avec un peu d'appétit. Et, comme il y avait six jours que cette fièvre ne l'avait point lâché, et qu'il n'avait rien voulu prendre, on s'extasia beaucoup sur le savoir de la petite Fadette, qui, sans l'éveiller, sans lui rien faire boire, et par la seule vertu de ses conjurations, à ce que l'on pensait, l'avait déjà mis en si bon chemin.

Le soir venu, la fièvre recommença, et bien fort. Sylvinet s'assoupissait, battait la campagne en rêvassant, et, quand il s'éveillait, avait peur des gens qui étaient autour de lui.

La Fadette revint, et, comme le matin, resta seule avec lui pendant une petite heure, ne faisant d'autre magie que de lui tenir les mains et la tête bien doucement, et de respirer fraîchement auprès de sa figure en feu.

Et, comme le matin, elle lui ôta le délire et la fièvre; et quand elle se retira, recommandant toujours qu'on ne parlât point à Sylvinet de son assistance, on le trouva dormant d'un sommeil paisible, n'ayant plus la figure rouge et ne paraissant plus malade.

Je ne sais où la Fadette avait pris cette idée-là. Elle lui était venue par hasard et par expérience, auprès de son petit frère Jeanet, qu'elle avait plus de dix fois ramené de l'article de la mort en ne lui faisant pas d'autre remède que de le rafraîchir avec ses mains et son haleine, ou le réchauffer de la même manière quand la grand'-fièvre le prenait en froid. Elle s'imaginait que l'amitié et la volonté d'une personne en bonne santé, et l'attouchement d'une main pure et bien vivante, peuvent écarter le mal, quand cette personne est douée d'un certain esprit et d'une grande confiance dans la bonté de Dieu. Aussi, tout le temps qu'elle imposait les mains, disait-elle en son âme de belles prières au bon Dieu. Et ce qu'elle avait fait pour son petit frère, ce qu'elle faisait maintenant pour le frère de Landry, elle n'eût voulu l'essayer sur aucune autre personne qui lui eût été moins chère, et à qui elle n'eût point porté un si grand intérêt : car elle pensait que la première vertu de ce remède-là, c'était la forte amitié que l'on offrait dans son cœur au malade, sans laquelle Dieu ne vous donnait aucun pouvoir sur son mal.

Et lorsque la petite Fadette charmait ainsi la fièvre de Sylvinet, elle disait à Dieu, dans sa prière, ce qu'elle lui avait dit lorsqu'elle charmait la fièvre de son frère :—Mon bon Dieu, faites que ma santé passe de mon corps dans ce corps souffrant, et, comme le doux Jésus vous a offert sa vie pour racheter l'âme de tous les humains, si telle est votre volonté de m'ôter ma vie pour la donner à ce malade, prenez-la; je vous la rends de bon cœur en échange de sa guérison que je vous demande.

La petite Fadette avait bien songé à essayer la vertu de cette prière auprès du lit de mort de sa grand'mère; mais elle ne l'avait osé, parce qu'il lui avait semblé que la vie de l'âme et du corps s'éteignaient dans cette vieille femme, par l'effet de l'âge et de la loi de nature qui est la propre volonté de Dieu. Et la petite Fadette, qui mettait, comme on le voit, plus de religion que de diablerie dans ses charmes, eût craint de lui déplaire en lui demandant une chose qu'il n'avait point coutume d'accorder sans miracle aux autres chrétiens.

Que le remède fût inutile ou souverain de lui-même, il est bien sûr, qu'en trois jours, elle débarrassa Sylvinet

de sa fièvre, et qu'il n'eût jamais su comment, si en s'éveillant un peu vite, la dernière fois qu'elle vint, il ne l'eût vue penchée sur lui et lui retirant tout doucement ses mains.

D'abord il crut que c'était une apparition, et il referma les yeux pour ne la point voir; mais, ayant demandé ensuite à sa mère si la Fadette ne l'avait point tâté à la tête et au pouls, ou si c'était un rêve qu'il avait fait, la mère Barbeau, à qui son mari avait touché enfin quelque chose de ses projets et qui souhaitait voir Sylvinet revenir de son déplaisir envers elle, lui répondit qu'elle était venue en effet, trois jours durant, matin et soir, et qu'elle lui avait merveilleusement coupé sa fièvre en le soignant en secret.

Sylvinet parut n'en rien croire; il dit que sa fièvre s'en était allée d'elle-même, et que les paroles et secrets de la Fadette n'étaient que vanités et folies; il resta bien tranquille et bien portant pendant quelques jours, et le père Barbeau crut devoir en profiter pour lui dire quelque chose de la possibilité du mariage de son frère, sans toutefois nommer la personne qu'il avait en vue.

— Vous n'avez pas besoin de me cacher le nom de la future que vous lui destinez, répondit Sylvinet. Je sais bien, moi, que c'est cette Fadette qui vous a tous charmés.

En effet, l'enquête secrète du père Barbeau avait été si favorable à la petite Fadette, qu'il n'avait plus d'hésitation et qu'il souhaitait grandement pouvoir rappeler Landry. Il ne craignait plus que la jalousie du besson, et il s'efforçait à le guérir de ce travers, en lui disant que son frère ne serait jamais heureux sans la petite Fadette. Sur quoi Sylvinet répondait :

—Faites donc, car il faut que mon frère soit heureux. Mais on n'osait pas encore, parce que Sylvinet retombait dans sa fièvre aussitôt qu'il paraissait avoir agréé la chose.

XXXVI.

Cependant le père Barbeau avait peur que la petite Fadette ne lui gardât rancune de ses injustices passées, et que, s'étant consolée de l'absence de Landry, elle ne songeât à quelque autre. Lorsqu'elle était venue à la Bessonnière pour soigner Sylvinet, il avait essayé de lui parler de Landry; mais elle avait fait semblant de ne pas entendre, et il se voyait bien embarrassé.

Enfin, un matin, il prit sa résolution et alla trouver la petite Fadette.

— Fanchon Fadet, lui dit-il, je viens vous faire une question à laquelle je vous prie de me donner réponse en tout honneur et vérité. Avant le décès de votre grand'-mère, aviez-vous idée des grands biens qu'elle devait vous laisser?

— Oui, père Barbeau, répondit la petite Fadette, j'en avais quelque idée, parce que je l'avais vue souvent compter de l'or et de l'argent, et que je n'avais jamais vu sortir de la maison que des gros sous; et aussi parce qu'elle m'avait dit souvent, quand les autres jeunesses se moquaient de mes guenilles : — Ne t'inquiète pas de ça, petite. Tu seras plus riche qu'elles toutes, et un jour arrivera où tu pourras être habillée de soie depuis les pieds jusqu'à la tête, si telle est ton plaisir.

— Et alors, reprit le père Barbeau, aviez-vous fait savoir la chose à Landry, et ne serait-ce point à cause de votre argent que mon fils faisait semblant d'être épris de vous?

— Pour cela, père Barbeau, répondit la petite Fadette, ayant toujours eu l'idée d'être aimée pour mes beaux yeux, qui sont la seule chose qu'on ne m'ait jamais refusée, je n'étais pas assez sotte pour aller dire à Landry que mes beaux yeux étaient dans des sacs de peau d'anguille; et pourtant, j'aurais pu le lui dire sans danger pour moi; car Landry m'aimait si honnêtement, et d'un si grand cœur, que jamais il ne s'est inquiété de savoir si j'étais riche ou misérable.

— Et depuis que votre mère-grand est décédée, ma chère Fanchon, reprit le père Barbeau, pouvez-vous me donner votre parole d'honneur que Landry n'a point été informé par vous, ou par quelque autre, de ce qui en est ?

— Je vous la donne, dit la Fadette. Aussi vrai que j'aime Dieu, vous êtes, après moi, la seule personne au monde qui ait connaissance de cette chose-là.

— Et, pour ce qui est de l'amour de Landry, pensez-vous, Fanchon, qu'il vous l'ait conservé ? et avez-vous reçu, depuis le décès de votre grand'mère, quelque marque qu'il ne vous ait point été infidèle ?

— J'ai reçu la meilleure marque là-dessus, répondit-elle ; car je vous confesse qu'il est venu me voir trois jours après le décès, qu'il m'a juré qu'il mourrait de chagrin, ou qu'il m'aurait pour sa femme.

— Et vous, Fadette, que lui répondiez-vous ?

— Cela, père Barbeau, je ne serais pas obligée de vous le dire ; mais je le ferai pour vous contenter. Je lui répondais que nous avions encore le temps de songer au mariage, et que je ne me déciderais pas volontiers pour un garçon qui me ferait la cour contre le gré de ses parents.

Et comme la petite Fadette disait cela d'un ton assez fier et dégagé, le père Barbeau en fut inquiet. — Je n'ai pas le droit de vous interroger, Fanchon Fadet, dit-il, et je ne sais point si vous avez l'intention de rendre mon fils heureux ou malheureux pour toute sa vie ; mais je sais qu'il vous aime terriblement, et si j'étais en votre lieu, avec l'idée que vous avez d'être aimée pour vous-même, je me dirais : Landry Barbeau m'a aimée quand je portais des guenilles, quand tout le monde me repoussait, et quand ses parents eux-mêmes avaient le tort de lui en faire un grand péché. Il m'a trouvée belle quand tout le monde me déniait l'espérance de le devenir ; il m'a aimée en dépit des peines que cet amour-là lui suscitait ; il m'a aimée absente comme présente : enfin, il m'a si bien aimée que je ne peux pas me méfier de lui, et que je n'en veux jamais avoir d'autre pour mari.

— Il y a longtemps que je me suis dit tout cela, père Barbeau, répondit la petite Fadette ; mais, je vous le répète, j'aurais la plus grande répugnance à entrer dans une famille qui rougirait de moi et ne céderait que par faiblesse et compassion.

— Si ce n'est que cela qui vous retient, décidez-vous, Fanchon, reprit le père Barbeau ; car la famille de Landry vous estime et vous désire. Ne croyez point qu'elle a changé parce que nous êtes riche. Ce n'est point la pauvreté qui nous répugnait de vous, mais les mauvais propos tenus sur votre compte. S'ils avaient été bien fondés, jamais, mon Landry eût-il dû en mourir, je n'aurais consenti à vous appeler ma bru ; mais j'ai voulu avoir raison de tous ces propos-là ; j'ai été à Château-Meillant tout exprès ; je me suis enquis de la moindre chose dans ce pays-là et dans le nôtre, et maintenant je reconnais qu'on m'avait menti et que vous êtes une personne sage et honnête, ainsi que Landry l'affirmait avec tant de feu. Par ainsi, Fanchon Fadet, je viens vous demander d'épouser mon fils, et si vous dites oui, il sera ici dans huit jours.

Cette ouverture, qu'elle avait bien prévue, rendit la petite Fadette bien contente ; mais ne voulant pas trop le laisser voir, parce qu'elle voulait à tout jamais être respectée de sa future famille, elle n'y répondit qu'avec ménagement. Et alors le père Barbeau lui dit :

— Je vois, ma fille, qu'il vous reste quelque chose sur le cœur contre moi et contre les miens. N'exigez pas qu'un homme d'âge vous fasse des excuses : contentez-vous d'une bonne parole, et, quand je vous dis que vous serez aimée et estimée chez nous, rapportez-vous-en au père Barbeau, qui n'a encore trompé personne. Allons, voulez-vous donner le baiser de paix au tuteur que vous vous êtes choisi, ou au père qui veut vous adopter ?

La petite Fadette ne put se défendre plus longtemps ; elle jeta ses deux bras autour du cou du père Barbeau ; et son vieux cœur en fut tout réjoui.

XXXVII.

Leurs conventions furent bientôt faites. Le mariage aurait lieu sitôt la fin du deuil de Fanchon ; il ne s'agissait plus que de faire revenir Landry ; mais quand la mère Barbeau vint voir Fanchon le soir même, pour l'embrasser et lui donner sa bénédiction, elle objecta qu'à la nouvelle du prochain mariage de son frère, Sylvinet était retombé malade, et elle demandait qu'on attendît encore quelques jours pour le consoler.

— Vous avez fait une faute, mère Barbeau, dit la petite Fadette, en confirmant à Sylvinet qu'il n'avait point rêvé en me voyant à son côté au sortir de sa fièvre. A présent, son idée contrariera la mienne, et je n'aurai plus la même vertu pour le guérir pendant son sommeil. Il se peut même qu'il me repousse et que ma présence empire son mal.

— Je ne le pense point, répondit la mère Barbeau ; car tantôt, se sentant mal, il s'est couché en disant : « Où est donc cette Fadette ? M'est avis qu'elle m'avait soulagé. Est-ce qu'elle ne reviendra plus ? » Et je lui ai dit que je venais vous chercher, dont il a paru content et même impatient.

— J'y vais, répondit la Fadette ; seulement, cette fois, il faudra que je m'y prenne autrement ; car, je vous le dis, ce qui me réussissait avec lui lorsqu'il ne me savait point là, n'opérera plus.

— Et ne prenez-vous donc avec vous ni drogues ni remèdes ? dit la mère Barbeau.

— Non, dit la Fadette : son corps n'est pas bien malade, c'est à son esprit que j'ai affaire ; je vas essayer d'y faire entrer le mien ; mais je ne vous promets point de réussir. Ce que je puis vous promettre, c'est d'attendre patiemment le retour de Landry et de ne pas vous demander de l'avertir avant que nous n'ayons tout fait pour ramener son frère à la santé. Landry me l'a si fortement recommandé que je sais qu'il m'approuvera d'avoir retardé son retour et son contentement.

Quand Sylvinet vit la petite Fadette auprès de son lit, il parut mécontent et ne lui voulut point répondre comment il se trouvait. Elle voulait lui toucher le pouls, mais il retira sa main, et tourna sa figure du côté de la ruelle du lit. Alors la Fadette fit signe qu'on le laissât seule avec lui, et, quand tout le monde fut sorti, elle éteignit la lampe et ne laissa entrer dans la chambre que la clarté de la lune, qui était toute pleine dans ce moment-là. Et puis elle revint auprès de Sylvinet, et lui dit, d'un ton de commandement auquel il obéit comme un enfant :

— Sylvinet, donnez-moi vos deux mains dans les miennes, et répondez-moi selon la vérité ; car je ne suis pas dérangée pour l'argent, et, si j'ai pris la peine de venir vous soigner, ce n'est pas pour être mal reçue et mal remerciée de vous. Faites donc attention à ce que je vas vous demander et à ce que vous allez me dire, car il ne vous serait pas possible de me tromper.

— Demandez-moi ce que vous jugerez à propos, Fadette, répondit le besson, tout essoti de s'entendre parler si sévèrement par cette moqueuse de petite Fadette, à laquelle, au temps passé, il avait si souvent répondu à coups de pierres.

— Sylvain Barbeau, reprit-elle, il paraît que vous souhaitez mourir.

Sylvinet trébucha un peu dans son esprit avant de répondre, et comme la Fadette lui serrait la main un peu fort et lui faisait sentir sa grande volonté, il dit avec beaucoup de confusion :

— Ne serait-ce pas ce qui pourrait m'arriver de plus heureux, de mourir, lorsque je vois bien que je suis une peine et un embarras à ma famille par ma mauvaise santé et par...

— Dites tout, Sylvain, il ne me faut rien céler.

— Et par mon esprit soucieux que je ne puis changer, reprit le besson tout accablé.

— Et aussi par votre mauvais cœur, dit la Fadette d'un ton si dur qu'il en eut de la colère et de la peur encore plus.

XXXVIII.

— Pourquoi m'accusez-vous d'avoir un mauvais cœur ? dit-il ; vous me dites des injures, quand vous voyez que je n'ai pas la force de me défendre.

— Je vous dis vos vérités, Sylvain, reprit la Fadette, et je vais vous en dire bien d'autres. Je n'ai aucune pitié de votre maladie, parce que je m'y connais assez pour voir qu'elle n'est pas bien sérieuse, et que, s'il y a un danger pour vous, c'est celui de devenir fou, à quoi vous tentez de votre mieux, sans savoir où vous mènent votre malice et votre faiblesse d'esprit.

— Reprochez-moi ma faiblesse d'esprit, dit Sylvinet ; mais quant à ma malice, c'est un reproche que je ne crois point mériter.

— N'essayez pas de vous défendre, répondit la petite Fadette ; je vous connais un peu mieux que vous ne vous connaissez vous-même, Sylvain, et je vous dis que la faiblesse engendre la fausseté ; et c'est pour cela que vous êtes égoïste et ingrat.

— Si vous pensez si mal de moi, Fanchon Fadet, c'est sans doute que mon frère Landry m'a bien maltraité dans ses paroles, et qu'il vous a fait voir le peu d'amitié qu'il me portait, car, si vous me connaissez ou croyez me connaître, ce ne peut être que par lui.

— Voilà où je vous attendais, Sylvain. Je savais bien que vous ne me diriez pas trois paroles sans vous plaindre de votre besson et sans l'accuser ; car l'amitié que vous avez pour lui, pour être trop folle et désordonnée, tend à se changer en dépit et en rancune. A cela je connais que vous êtes à moitié fou, et que vous n'êtes point bon. Eh bien! je vous dis, moi, que Landry vous aime dix mille fois plus que vous ne l'aimez, à preuve qu'il ne vous reproche jamais rien, quelque chose que vous lui fassiez souffrir, tandis que vous lui reprochez toutes choses, alors qu'il ne fait que vous céder et vous servir. Comment voulez-vous que je ne voie pas la différence entre lui et vous? Aussi, plus Landry m'a dit de bien de vous, plus de mal j'en ai pensé, parce que j'ai considéré qu'un frère si bon ne pouvait être méconnu que par une âme injuste.

— Aussi, vous me haïssez, Fadette? je ne m'étais point abusé là-dessus, et je savais bien que vous m'ôtiez l'amour de mon frère en lui disant du mal de moi.

— Je vous attendais encore là, maître Sylvain, et je suis contente que vous me preniez enfin à partie. Eh bien! je vas vous répondre que vous êtes un méchant cœur et un enfant du mensonge, puisque vous méconnaissez et insultez une personne qui vous a toujours servi et défendu dans son cœur, connaissant pourtant bien que vous lui étiez contraire ; une personne qui s'est cent fois privée du plus grand et du seul plaisir qu'elle eût au monde, le plaisir de voir Landry et de rester avec lui, pour envoyer Landry auprès de vous et pour vous donner le bonheur qu'elle se retirait. Je ne vous devais pourtant rien. Vous avez toujours été mon ennemi, et, du plus loin que je me souvienne, je n'ai jamais rencontré un enfant si dur et si hautain que vous l'étiez avec moi. J'aurais pu souhaiter d'en tirer vengeance et l'occasion ne m'a pas manqué. Si je ne l'ai point fait et si je vous ai rendu à votre insu le bien pour le mal, c'est que j'ai une grande idée de ce que qu'une âme chrétienne doit pardonner à son prochain pour plaire à Dieu. Mais, quand je vous parle de Dieu, sans doute vous ne m'entendez guère, car vous êtes son ennemi et celui de votre salut.

— Je me laisse dire par vous bien des choses, Fadette ; mais celle-ci est trop forte, et vous m'accusez d'être un païen.

— Est-ce que vous ne m'avez pas dit tout à l'heure que vous souhaitiez la mort? Et croyez-vous que ce soit là une idée chrétienne?

— Je n'ai pas dit cela, Fadette, j'ai dit que... Et Sylvinet s'arrêta tout effrayé en songeant à ce qu'il avait dit, et qui lui paraissait impie devant les remontrances de la Fadette.

Mais elle ne le laissa point tranquille, et, continuant à le tancer :

— Il se peut, dit-elle, que votre parole fût plus mauvaise que votre idée, car j'ai bien dans la mienne que vous ne souhaitez point tant la mort qu'il vous plaît de le laisser croire afin de rester maître dans votre famille, de tourmenter votre pauvre mère qui s'en désole, et votre

besson qui est assez simple pour croire que vous voulez mettre fin à vos jours. Moi, je ne suis pas votre dupe, Sylvain. Je crois que vous craignez la mort autant et même plus qu'un autre, et que vous vous faites un jeu de la peur que vous donnez à ceux qui vous chérissent. Cela vous plaît de voir que les résolutions les plus sages et les plus nécessaires cèdent toujours devant la menace que vous faites de quitter la vie ; et, en effet, c'est fort commode et fort doux de n'avoir qu'un mot à dire pour faire tout plier autour de soi. De cette manière, vous êtes le maître à tous ici. Mais, comme cela est contre nature, et que vous y arrivez par des moyens que Dieu réprouve, Dieu vous châtie, vous rendant encore plus malheureux que vous ne le seriez en obéissant au lieu de commander. Et voilà que vous vous ennuyez d'une vie qu'on vous a faite trop douce. Je vais vous dire ce qui vous a manqué pour être un bon et sage garçon, Sylvain. C'est d'avoir eu des parents bien rudes, beaucoup de misère, pas de pain tous les jours et des coups bien souvent. Si vous aviez été élevé à la même école que moi et mon frère Jeanet, au lieu d'être ingrat, vous seriez reconnaissant de la moindre chose. Tenez, Sylvain, ne vous retranchez pas sur votre bessonnerie. Je sais qu'on a beaucoup trop parlé autour de vous que cette amitié bessonnière était une loi de nature qui devait vous faire mourir si on la contrariait, et vous avez cru obéir à votre sort en portant cette amitié à l'excès ; mais Dieu n'est pas si injuste que de nous marquer pour un mauvais sort dans le ventre de nos mères. Il n'est pas si méchant que de nous donner des idées que nous ne pourrions jamais surmonter, et vous lui faites injure, comme un superstitieux que vous êtes, en croyant qu'il y a dans le sang de votre corps plus de force et de mauvaise destinée qu'il n'y a dans votre esprit de résistance et de raison. Jamais, à moins que vous ne soyez fou, je ne croirai que vous ne pourriez pas combattre votre jalousie, si vous le vouliez. Mais vous ne le voulez pas, parce qu'on a trop caressé le vice de votre âme, et que vous estimez moins votre devoir que votre fantaisie.

Sylvinet ne répondit rien et laissa la Fadette le réprimander bien longtemps encore sans lui faire grâce d'aucun blâme. Il sentait qu'elle avait raison au fond, et qu'elle ne manquait d'indulgence que sur un point : c'est qu'elle avait l'air de croire qu'il n'avait jamais combattu son mal et qu'il s'était bien rendu compte de son égoïsme ; tandis qu'il avait été égoïste sans le vouloir et sans le savoir. Cela le peinait et l'humiliait beaucoup, et il eût souhaité lui donner une meilleure idée de sa conscience. Quant à elle, elle savait bien qu'elle exagérait, et elle le faisait à dessein de lui tarabuster beaucoup l'esprit avant de le prendre par la douceur et la consolation. Elle se forçait donc pour lui parler durement et pour lui paraître en colère, tandis que, dans son cœur, elle sentait tant de pitié et d'amitié pour lui, qu'elle était malade de sa feinte, et qu'elle le quitta plus fatiguée qu'elle ne le laissait.

XXXIX.

La vérité est que Sylvinet n'était pas moitié si malade qu'il le paraissait et qu'il se plaisait à le croire. La petite Fadette, en lui touchant le pouls, avait reconnu d'abord que la fièvre n'était pas forte, et que s'il avait un peu de délire, c'est que son esprit était plus malade et plus affaibli que son corps. Elle crut donc devoir le prendre par l'esprit en lui donnant d'elle une grande crainte, et dès le jour, elle retourna auprès de lui. Il n'avait guère dormi, mais il était tranquille et comme abattu. Sitôt qu'il la vit, il lui tendit sa main, au lieu de la lui retirer comme il avait fait la veille.

— Pourquoi m'offrez-vous votre main, Sylvain? lui dit-elle; est-ce pour que j'examine votre fièvre? Je vois bien à votre figure que vous ne l'avez plus.

Sylvinet, honteux d'avoir à retirer sa main qu'elle n'avait point voulu toucher, lui dit ;

— C'était pour vous dire bonjour, Fadette, et pour vous remercier de tant de peine que vous prenez pour moi.

— En ce cas, j'accepte votre bonjour, dit-elle en lui prenant la main et en la gardant dans la sienne ; car jamais je ne repousse une honnêteté, et je ne vous crois point assez faux pour me marquer de l'intérêt si vous n'en sentiez pas un peu pour moi.

Sylvain ressentit un grand bien, quoique tout éveillé, d'avoir sa main dans celle de la Fadette, et il lui dit d'un ton très-doux :

— Vous m'avez pourtant bien malmené hier au soir, Fanchon, et je ne sais comment il se fait que je ne vous en veux point. Je vous trouve même bien bonne de venir me voir, après tout ce que vous avez à me reprocher.

La Fadette s'assit auprès de son lit et lui parla tout autrement qu'elle n'avait fait la veille ; elle y mit tant de bonté, tant de douceur et de tendresse, que Sylvain en éprouva un soulagement et un plaisir d'autant plus grands qu'il l'avait jugée plus courroucée contre lui. Il pleura beaucoup, se confessa de tous ses torts et lui demanda même son pardon et son amitié avec tant d'esprit et d'honnêteté, qu'elle reconnut bien qu'il avait le cœur meilleur que la tête. Elle le laissa s'épancher, le grondant encore quelquefois, et, quand elle voulait quitter sa main, il la retenait, parce qu'il lui semblait que cette main le guérissait de sa maladie et de son chagrin en même temps.

Quand elle le vit au point où elle le voulait, elle lui dit :

— Je vas sortir, et vous vous lèverez, Sylvain, car vous n'avez plus la fièvre, et il ne faut pas rester à vous dorloter, tandis que votre mère se fatigue à vous servir et perd son temps à vous tenir compagnie. Vous mangerez ensuite ce que votre mère vous présentera de ma part. C'est de la viande, et je sais que vous vous en dites dégoûté, et que vous ne vivez plus que de mauvaises herbages. Mais il n'importe, vous vous forcerez, et, quand même vous y auriez de la répugnance, vous n'en ferez rien paraître. Cela fera plaisir à votre mère de vous voir manger du solide ; et, quant à vous, la répugnance que vous aurez surmontée et cachée sera moindre la prochaine fois, et nulle la troisième. Vous verrez si je ne trompe. Adieu donc, et qu'on ne me fasse pas revenir de sitôt pour vous, car je sais que vous ne serez plus malade si vous ne voulez plus l'être.

— Vous ne reviendrez donc pas ce soir ? dit Sylvinet. J'aurais cru que vous reviendriez.

— Je ne suis pas médecin pour de l'argent, Sylvain, et j'ai autre chose à faire que de vous soigner quand vous n'êtes pas malade.

— Vous avez raison, Fadette ; mais le désir de vous voir, vous croyez que c'était encore de l'égoïsme : c'était autre chose, j'avais du soulagement à causer avec vous.

— Eh bien, vous n'êtes pas impotent, et vous connaissez ma demeurance. Vous n'ignorez pas que je vais être votre sœur par le mariage, comme je le suis déjà par l'amitié ; vous pouvez donc bien venir causer avec moi, sans qu'il y ait à cela rien de répréhensible.

— J'irai, puisque vous l'agréez, dit Sylvinet. A revoir donc, Fadette ; je vas me lever, quoique j'aie un grand mal de tête, pour n'avoir point dormi et m'être bien désolé toute la nuit.

— Je veux bien vous ôter encore ce mal de tête, dit-elle ; mais songez que c'est le dernier, et que je vous commande de bien dormir la prochaine nuit.

Elle lui imposa la main sur le front, et, au bout de cinq minutes, il se trouva si rafraîchi et si consolé qu'il ne sentait plus aucun mal.

— Je vois bien, lui dit-il, que j'avais tort de m'y refuser, Fadette ; car vous êtes grande remégeuse, et vous savez charmer la maladie. Tous les autres m'ont fait du mal par leurs drogues, et, rien que de me toucher, vous me guérissez ; je pense que si je pouvais toujours être auprès de vous, vous m'empêcheriez d'être jamais malade ou fautif. Mais, dites-moi, Fadette, n'êtes-vous plus fâchée contre moi ? et voulez-vous compter sur la parole que je vous ai donnée de me soumettre à vous entièrement ?

— J'y compte, dit-elle, et, à moins que vous ne changiez d'idée, je vous aimerai comme si vous étiez mon besson.

— Si vous pensiez ce que vous me dites là, Fanchon, vous me diriez tu et non pas vous ; car ce n'est pas la coutume des bessons de se parler avec tant de cérémonie.

— Allons, Sylvain, lève-toi, mange, cause, promène-toi et dors, dit-elle en se levant. Voilà mon commandement pour aujourd'hui. Demain tu travailleras.

— Et j'irai te voir, dit Sylvinet.

— Soit, dit-elle ; et elle s'en alla en le regardant d'un air d'amitié et de pardon, qui lui donna soudainement la force et l'envie de quitter son lit de misère et de fainéantise.

XL.

La mère Barbeau ne pouvait assez s'émerveiller de l'habileté de la petite Fadette, et, le soir, elle disait à son homme : — Voilà Sylvinet qui se porte mieux qu'il n'a fait depuis six mois ; il a mangé de tout ce qu'on lui a présenté aujourd'hui, sans faire ses grimaces accoutumées ; et ce qu'il y a de plus imaginant, c'est qu'il parle de la petite Fadette comme du bon Dieu. Il n'y a pas de bien qu'il ne m'en ait dit, et il souhaite grandement le retour et le mariage de son frère. C'est comme un miracle, et je ne sais pas si je dors ou si je veille.

— Miracle ou non, dit le père Barbeau, cette fille-là a un grand esprit, et je crois bien que ça doit porter bonheur de l'avoir dans une famille.

Sylvinet partit trois jours après pour aller quérir son frère à Arthon. Il avait demandé à son père et à la Fadette, comme une grande récompense, de pouvoir être le premier à lui annoncer son bonheur.

— Tous les bonheurs me viennent donc à la fois, dit Landry en se pâmant de joie dans ses bras, puisque c'est toi qui viens me chercher, et que tu parais aussi content que moi-même.

Ils revinrent ensemble sans s'amuser en chemin, comme on peut croire, et il n'y eut pas de gens plus heureux que les gens de la Bessonnière quand ils se virent tous attablés pour souper avec la petite Fadette et le petit Jeanet au milieu d'eux.

La vie leur fut bien douce à tretous pendant une demi-année ; car la jeune Nanette fut accordée à Cadet Caillaud, qui était le meilleur ami de Landry après ceux de sa famille. Et il fut arrêté que les deux noces se feraient en même temps. Sylvinet avait pris pour la Fadette une amitié si grande qu'il ne faisait rien sans la consulter, et elle avait sur lui tant d'empire qu'il semblait la regarder comme sa sœur. Il n'était plus malade, et, de jalousie, il n'en était plus question. Si quelquefois encore il paraissait triste et en train de rêvasser, la Fadette le réprimandait ; et tout aussitôt il devenait souriant et communicatif.

Les deux mariages eurent lieu le même jour et à la même messe, et, comme le moyen ne manquait pas, on fit de si belles noces que le père Caillaud, qui, de sa vie, n'avait perdu son sang-froid, fit mine d'être un peu gris le troisième jour. Rien ne corrompit la joie de Landry et de toute la famille, et mêmement on pourrait dire de tout le pays ; car les deux familles, qui étaient riches, et la petite Fadette, qui l'était autant que les Barbeau et les Caillaud tout ensemble, firent à tout le monde de grandes honnêtetés et de grandes charités. Fanchon avait le cœur trop bon pour ne pas souhaiter de rendre le bien pour le mal à tous ceux qui l'avaient mal jugée. Mêmement par la suite, quand Landry eut acheté un beau bien qu'il gouvernait on ne peut mieux par son savoir et celui de sa femme, elle y fit bâtir une jolie maison, à l'effet d'y recueillir tous les enfants malheureux de la commune durant quatre heures par chaque jour de la semaine, et elle prenait elle-même la peine, avec son frère Jeanet, de les instruire, de leur enseigner la vraie religion, et même d'assister les plus nécessiteux dans leur misère. Elle se souvenait d'avoir été une enfant malheureuse et délaissée, et les beaux enfants qu'elle mit au monde furent stylés de bonne heure à être affables et compatissants pour ceux qui n'étaient ni riches ni choyés.

Mais qu'advint-il de Sylvinet au milieu du bonheur de

sa famille? une chose que personne ne put comprendre et qui donna grandement à songer au père Barbeau. Un mois environ après le mariage de son frère et de sa sœur, comme son père l'engageait aussi à chercher et à prendre femme, il répondit qu'il ne se sentait aucun goût pour le mariage, mais qu'il avait depuis quelque temps une idée qu'il voulait contenter, laquelle était d'être soldat et de s'engager.

Comme les mâles ne sont pas trop nombreux dans les familles de chez nous, et que la terre n'a pas plus de bras qu'il n'en faut, on ne voit quasiment jamais d'engagement volontaire. Aussi chacun s'étonna grandement de cette résolution, de laquelle Sylvinet ne pouvait donner aucune autre raison, sinon sa fantaisie et un goût militaire que personne ne lui avait jamais connu. Tout ce que surent dire ses père et mère, frères et sœurs, et Landry lui-même, ne put l'en détourner, et on fut forcé d'en aviser Fanchon, qui était la meilleure tête et le meilleur conseil de la famille.

Elle causa deux grandes heures avec Sylvinet, et quand on les vit se quitter, Sylvinet avait pleuré, sa belle-sœur aussi; mais ils avaient l'air si tranquilles et si résolus qu'il n'y eut plus d'objections à soulever lorsque Sylvinet dit qu'il y persistait, et Fanchon, qu'elle approuvait sa résolution et en augurait pour lui un grand bien dans la suite des temps.

Comme on ne pouvait pas être bien sûr qu'elle n'eût pas là-dessus des connaissances plus grandes encore que celles qu'elle avouait, on n'osa point résister davantage, et la mère Barbeau elle-même se rendit, non sans verser beaucoup de larmes. Landry était désespéré; mais sa femme lui dit : — C'est la volonté de Dieu et notre devoir à tous de laisser partir Sylvain. Crois que je sais bien ce que je te dis, et ne m'en demande pas davantage.

Landry fit la conduite à son frère le plus loin qu'il put, et quand il lui rendit son paquet, qu'il avait voulu tenir jusque-là sur son épaule, il lui sembla qu'il lui donnait son propre cœur à emporter. Il revint trouver sa chère femme, qui eut à le soigner; car pendant un grand mois le chagrin le rendit véritablement malade.

Quant à Sylvain, il ne le fut point, et continua sa route jusqu'à la frontière; car c'était le temps des grandes belles guerres de l'empereur Napoléon. Et, quoiqu'il n'eût jamais eu le moindre goût pour l'état militaire, il commanda si bien à son vouloir, qu'il fut bientôt remarqué comme bon soldat, brave à la bataille comme un homme qui ne cherche que l'occasion de se faire tuer, et pourtant doux et soumis à la discipline comme un enfant, en même temps qu'il était dur à son pauvre corps comme les plus anciens. Comme il avait reçu assez d'éducation pour avoir de l'avancement, il en eut bientôt, et, en dix années de temps, de fatigues, de courage et de belle conduite, il devint capitaine, et encore avec la croix par-dessus le marché.

—Ah! s'il pouvait enfin revenir! dit la mère Barbeau à son mari, le soir après le jour où ils avaient reçu de lui une jolie lettre pleine d'amitiés pour eux, pour Landry, pour Fanchon, et enfin pour tous les jeunes et vieux de la famille : le voilà quasiment général, et il serait bien temps pour lui de se reposer!

—Le grade qu'il a est assez joli sans l'augmenter, dit le père Barbeau, et cela ne fait pas moins un grand honneur à une famille de paysans!

—Cette Fadette avait bien prédit que la chose arriverait, reprit la mère Barbeau. Oui-da qu'elle l'avait annoncé!

—C'est égal, dit le père, je ne m'expliquerai jamais comment son idée a tourné tout à coup de ce côté-là, et comment il s'est fait un pareil changement dans son humeur, lui qui était si tranquille et si ami de ses petites aises.

—Mon vieux, dit la mère, notre bru en sait là-dessus plus long qu'elle n'en veut dire; mais on n'attrape pas une mère comme moi, et je crois bien que j'en sais aussi long que notre Fadette.

—Il serait bien temps de me le dire, à moi! reprit le père Barbeau.

—Eh bien, répliqua la mère Barbeau, notre Fanchon est trop grande charmeuse, et tellement qu'elle avait charmé Sylvinet plus qu'elle ne l'aurait souhaité. Quand elle vit que le charme opérait si fort, elle eût voulu le retirer ou l'amoindrir; mais elle ne le put, et notre Sylvain, voyant qu'il pensait trop à la femme de son frère, est parti par grand honneur et grande vertu, en quoi la Fanchon l'a soutenu et approuvé.

—Si c'est ainsi, dit le père Barbeau en se grattant l'oreille, j'ai bien peur qu'il ne se marie jamais, car la baigneuse de Clavières a dit, dans les temps, que lorsqu'il serait épris d'une femme, il ne serait plus si affolé de son frère; mais qu'il n'en aimerait jamais qu'une en sa vie, parce qu'il avait le cœur trop sensible et trop passionné.

FIN DE LA PETITE FADETTE.

EN VENTE

CHEZ MICHEL LÉVY FRÈRES, LIBRAIRES ÉDITEURS

Rue Vivienne, 2 bis, et boulevard des Italiens, 15

A LA LIBRAIRIE NOUVELLE

PUBLICATIONS IN-4°, A 10 CENTIMES LA LIVRAISON
MUSÉE LITTÉRAIRE DU SIÈCLE ET MUSÉE CONTEMPORAIN

	fr. c.		fr. c.		fr. c.		fr. c.		fr. c.
ROGER DE BEAUVOIR		**ALEX. DUMAS** (suite)		**ALEX. DUMAS** (suite)		**A. DE LAMARTINE**		**FRÉDÉRIC SOULIÉ** (suite)	
Le Chev. de St-Georges.	» 90	La Dame de Monsoreau.	2 50	Les Morts vont vite.	1 50	Les Confidences.	» 90	Olivier Duhamel	
Le Chevalier de Charny.	» 90	La Dame de Volupté.	1 30	Une Nuit à Florence.	» 70	L'Enfance	» 50	Eulalie Pontois.	
CH. DE BERNARD		Les Deux Diane	2 30	Nouvelles.	» 50	Geneviève	» 70	Les Forgerons	
Un Acte de vertu.	» 50	Les deux Reines	1 50	Olympe de Clèves	2 60	Gratella.	» 60	Huit Jours au château.	
L'Anneau d'argent	» 30	Dieu dispose	1 80	Pascal Bruno.	» 70	La Jeunesse	» 50	Le Lion amoureux.	
Une Avent. de Magistrat.	» 30	Les Drames de la Mer.	» 70	Le Page du duc de Sav.	1 70	Régina.	» 50	La Lionne.	
Un Cinquantaine.	» 50	Fem. au coll. de velours	» 70	Pauline	» 50			Le Maître d'École	
Le Gendre.	» 50	Fernande	» 90	La Pêche aux filets.	» 50	**FÉLIX MÉNARD**		Marguerite.	
Innocence d'un Forçat	» 30	Une Fille du Régent.	» 90	Le Père Gigogne.	1 50	L'insurrection de l'Inde	» 70	Les Mémoires du Diable.	2
La Peine du talion.	» 30	Les Frères corses	» 60	Le Père la Ruine.	» 90			Les Quatre Napolitaines.	
Le Persécuteur.	» 30	Gabriel Lambert	» 90	La Princesse Flora	» 70	**MÉRY**		Le Port de Créteil	
La Femme de 40 ans.	» 50	Gaule et France.	» 90	La Reine Margot	1 65	Un Acte de désespoir.	» 50	Les Quatre Sœurs	
CHAMPFLEURY		Georges	» 90	La Route de Varennes.	» 70	Bonheur d'un Million.	» 50	Si Jeunesse savait, si Vieil-	
Les Grands hom. du ruisseau	» 60	Un Gil Blas en Californie	» 70	El Salteador,	» 70	Château des trois Tours.	» 70	lesse pouvait.	4
COMTESSE DASH		La Guerre des Femmes.	1 65	Salvator.	4	Le Château d'Udolphe.	» 50		
Les Galanteries de la		Hist. d'un Casse-Noisette	» 90	Souvenirs d'Antony.	» 90	Conspiration au Louvre	» 70	**ÉMILE SOUVESTRE**	
cour de Louis XV.	3 »	L'Horoscope	» 90	Sylvandire.	» 90	Histoire de ce qui n'est		Deux Misères.	
La Régence	» 90	Impressions de voyage :		Le Test. de M. Chauvelin	» 75	pas arrivé	» 50	L'Homme et l'Argent.	
La Jeunesse de Louis XV	» 90	Une Année à Florence »	» 90	Les Trois Mousquetaires.	1 65	Diam. aux mille facettes.	» 60	Jean Plébeau.	
Les Maîtresses du roi.	» 90	L'Arabie heureuse	2 40	Le Trou de l'Enfer.	» 90	Les Nuits anglaises.	» 90	Le Mendiant de St-Roch.	
Le Parc aux Cerfs	» 90	Les Bords du Rhin	1 30	La Vie de Bragelonne.	4 70	Les Nuits italiennes.	» 90	Pierre Landais.	
ALEXANDRE DUMAS		Le Capitaine Aréna.	» 90	Une Vie d'Artiste.	» 75	Simple histoire	» 70	Les Réprouvés et les Élu	
Acté.	» 90	Le Corricolo	» 65	Vingt ans après	2 20			Souven. d'un Bas-Bret	
Amaury.	» 90	De Paris à Cadix.	» 65			**EUGÈNE DE MIRECOURT**			
Ange Pitou.	» 90	En Suisse	2 2	**ALEX. DUMAS FILS.**		Confessions de Ninon de		**EUGÈNE SUE**	
Ascanio	» 90	Le Midi de la France.	1 30	Césarine.	» 50	Lenclos	3 70	Les Sept Péchés capitaux	5
Aventures de John Davis	4 30	Quinze Jours au Sinaï.	» 90	Le Prix de Pigeons.	» 50			L'Orgueil.	9
Les Baleiniers.	4 »	Le Spéronare	» 90	La Dame aux Camélias.	» 50	**HENRY MURGER**		L'Envie	9
Le Bâtard de Mauléon.	2 »	Le Véloce	» 65	Un paquet de lettres.	» 50	Les Amours d'Olivier.	» 30	La Colère.	7
Black.	» 90	La Vie au Désert.	1 30			Le Bonhomme Jadis.	» 30	La Luxure.	7
La Boule de neige	» 90	La Villa Palmieri.	» 90	**XAVIER EYMA**		Madame Olympe	» 50	La Paresse.	7
Bric-à-Brac.	1 20	Ingénue	» 80	Fem. du nouv. monde.	» 90	Maîtresse aux mains roug.	» 30	L'Avarice.	7
Le Capitaine Paul.	» 70	Isabel de Bavière	» 30			Scèn. de la vie de Bohême	» 90	La Gourmandise	6
Le Capitaine Richard.	» 90	Italiens et Flamands.	4 50	**PAUL FÉVAL**		Le Manchon de Francine	» 30	La Bonne Aventure	
Catherine Blum.	» 70	Ivanhoé.	4 70	Les Amours de Paris.	4 30	Le Souper des Funérailles	» 50	Gilbert et Gilberte.	2
Causeries.—Les 3 Dames.	2 »	Jehanne la pucelle.	» 90	Le Bossu ou le petit Pa-				Le Diable médecin	2
Cécile.	4 »	Les Louves de Machecoul	2 50	risien.	2 50	**JULES SANDEAU**		La Femme séparée de	
Charles le Téméraire.	4 30	Madame de Chambley.	4 50	Le Fils du Diable	3 »	Sacs et Parchemins.	» 90	corps et de biens.	2
Le Château d'Eppstein.	4 80	Le Maître d'armes.	» 90	Le Tueur de Tigres.	» 70			La Grande Dame	2
Le Chevalier d'Hermental.	4 50	Mariages du père Olifus.	» 70			**EUGÈNE SCRIBE**		La Lorette	2
Le Chev. de Maison-Rouge.	4 50	Les Médicis	» 70	**LÉON GOZLAN**		Carlo Broschi	» 50	La Femme de lettres.	
Le Collier de la Reine	2 50	Mémoires d'une Aveugle.	4 30	Nuits du Père-Lachaise.	» 90			La Belle-Fille	
La Colombe.—Murat.	» 90	Mém. de Garibaldi(Comp.)	4 30			**FRÉDÉRIC SOULIÉ**		Les Mémoires d'un	
Les Compagnons de Jéhu.	4 80	1re série (Séparément).	» 70	**CHARLES HUGO**		Au jour le jour	» 70	Mariage de convenance.	
Le comte de Monte-Cristo.	4 »	2e série (»).	» 70	La Bohème dorée	4 50	Avent. de Saturnin Fichet	4 50	Un Mariage d'argent.	
La Comtesse de Charny	4 50	Mém. d'un Méd. (Balsamo)	4 »			Le Banquier	4 50	Mariage d'inclination.	
La Comtesse de Salisbury	4 50	Le Meneur de Loups	» 90	**CH. JOBEY**		La Comtesse de Monrion	» 70	Les Fils de famille	2
Les Confes. de la Marq.	4 70	Les Mille et un Fantômes	» 90	L'Amour d'un Nègre	» 90	Confession générale.	4 80		
La Conscience l'Innocent.	4 30	Les Mohicans de Paris.	3 60			Les Deux Cadavres.	» 70	**VALOIS DE FORVILLE**	
				ALPHONSE KARR		Les Drames inconnus.	2 50	Le Conscrit de l'an VIII	
				Fort en thème.	» 70	La Maison n° 3 de la rue			
				La Pénélope normande.	» 90	de Provence.	» 70		
				Sous les Tilleuls	» 90	Aventures d'un Cadet.	» 70		
						Amours de Vict. Bonsenne	» 70		

DERNIÈRES PUBLICATIONS

			fr. c.		
Collection Michel Lévy	**PRÉVOST-PARADOL.** vol.	**ED. SCHERER** vol.		**A. DUMAS FILS** fr. c.	La Voleuse d'enfants,
A 1 FRANC LE VOLUME.	Essais de polit. et de litt. 1	Nouvelles Études sur la lit-		Hist. du supplice d'une	Monsieur de St-Bertrand 2
A. DE LAMARTINE vol.	**ALEX. DUMAS**	térature contemp . . . 1		femme . . . . 3 »	La Flûte enchantée 2
Le Conseiller du Peuple . 4	Théâtre, t. XIII et XIV. 2	**CH. HUGO**		**LORD MACAULAY**	Les vieux Glaçons . . 1
GŒTHE	**DAVESIÉS DE PONTÈS**	Le Cochon de saint Antoine 1		Essais littéraires. . . 6 »	Cantara, ... 1
Werther 1	Études sur l'hist. de Paris. 1	**C. A. SAINTE-BEUVE**		**STRECKEISEN-MOULTOU**	Une veng. de Pierrot. »
ÉMILE SOUVESTRE	***	Nouveaux Lundis, t. IV. 1		J.-J. Rousseau, ses Amis	La Comédie de salon. 1
La Maison Rouge . . . 1	Le Péché de Madeleine . 1	**ÉMILE DESCHANEL**		et ses Ennemis, 2 v. 15 »	Avant la noce. . . . 1
Bibliothèque nouvelle	**EDGARD POE**	Christophe Colomb et Vasco		**DUVERGIER DE HAURANNE**	Macbeth. 1
A 2 FRANCS LE VOLUME	Hist. grotesq. et sérieuses. 1	de Gama. 1		Histoire du gouvern.	Le Saphir. 1
ALEX. DUMAS	**A. DE PONTMARTIN**	**THÉOPHILE GAUTIER**		parlement., t. VII. 4 v. 7 50	Le Bœuf Apis. . . . 1
La San Félice, 1 v. . . 2	Nouveaux Samedis . . 1	Quand on voyage. . . . 1		***	L'Œillet blanc . . . 1
Souvenirs d'une Favorite.	**CUVILLIER-FLEURY**	**A. DE LATOUR**		Les trois Filles de la	M. et Mme Crusoé, . . 1
Tomes I à III 3	Études et Portraits, . . 1	Saynètes de Ramon de la Cruz		Bible. 1 vol. . . . 5 »	Un Drame en l'air. . . 1
ARSÈNE HOUSSAYE	**CHARLES CLÉMENT**	**SAINT-GERMAIN LEDUC**		**LE PRINCE CZARTORISKY**	Le Ménétrier de St-Waast 1
Le Repentir de Marion. . 1	Études sur les Beaux-Arts. 1	Un mari. 1		Alexandre 1er et le prince	C'est pour ce soir . . 1
JOACHIM DUFLOT	**EDMOND SCHERER**	**A. CALMON**		Czartorisky, 4 vol. . 7 50	Le Mariage de don Lope 2
Les Secrets des Coulisses	Mélanges d'hist. religieuse. 1	William Pitt. 1		**LOUIS DE VIEL-CASTEL**	Les Enfants de la Louve 2
des théâtres de Paris, . 1	**LE COMTE DE GASPARIN**	**ERNEST DAUDET**		Histoire de la Restau-	Le Clos-Pommier . . 2
Théâtre contemporain	La Famille. 2	Les Duperies de l'amour. 1		ration, t. VIII. 4 vol. 6 »	
fr. c.	**ÉDOUARD OURLIAC**	**ALPHONSE ROYER**		**BOURGOING**	**MUSÉE**
La Gitane . . . . . » 50	Marquise de Montmirail . 1	Théâtre flabesque de Carlo		Histoire diplomatique de	**littéraire contempor**
Le Mousquetaire du Roi. » 50	**JULES NORIAC**	Gozzi 1		l'Europe, 4 vol. . . 7 50	Format in-4°
Le Cabaret de la Grappe	Mademoiselle Poucet . . 1	**Volumes in-8°**		**VICT. LE CLERC ET ERNEST RENAN**	Les Confes. de Ninon de
dorée . . . . . . » 50	**COMTESSE DELLA ROCCA**	**A. DE LAMARTINE** fr. c.		His. litt. de la France au	Lenclos. 4
Les Mohicans de Paris. . » 50	Correspondance de la du-	Vie de César . . . . 5 »		xive siècle. 2 vol. . . 16 »	**Publications hebdom**
Les Cabotins. . . . . » 50	chesse de Bourgogne et	**MAURICE SAND**		**BARON DE NERVO**	Univers ill. N° 442 à 445, à »
Les Vendanges du Clos-	de la reine d'Espagne. . 1	Raoul de la Chastre, 4 v. 6 »		Les Finances françaises	Bons Romans, Séries 59 . »
Tavannes . . . . . » 50	**HENRI RIVIÈRE**	**A. DE TOCQUEVILLE**		sous la Restaur., t. I. 7 50	à 63. . . . . . . »
Séries N° 139, 140. . . 1	Les Méprises du cœur. . 1	Mélanges, fragments, 4 v. 6 »		**SAINT-RENÉ TAILLANDIER**	Grandes Usines. Livrai-
Bibliothèq. contemp.		**CHARLES LAMBERT**		Maurice de Saxe. t. 4. 7 50	sons 89 à 96, à . . . »
A 3 FR. LE VOLUME.		L'Immortalité selon la			Diction. des Noms pro-
GEORGE SAND vol.		Christ. 1 vol. . . . 7 50		**Pièces de Théâtre.**	pres. Liv. 9 à 13, à. . »
Les Maîtres sonneurs, . 1		**LE COMTE DE PONTÉCOULANT**		La Belle au Bois dorm. 2 »	
		Souvenirs, t. IV. 4 vol. 8 »		Madame Aubert . . . 2 »	
				Le Suppl. d'une Femme 2 »	

CLICHY. — Impr. de Maurice Loignon et Cie, rue du Bac-d'Asnières, 12.

www.ingramcontent.com/pod-product-compliance
Lightning Source LLC
LaVergne TN
LVHW022155080426
835511LV00008B/1417